新 江戸百景めぐり

TOKYOで〝江戸〟を再発見

大石　学／監修
江戸文化歴史検定協会／編

小学館

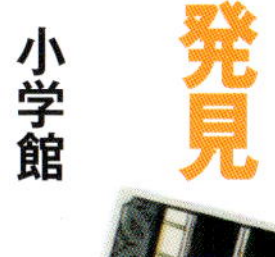

浅草田甫酉の町詣

百 ほーりーと歩く新江戸百景

広重の『名所江戸百景』の絵と「お江戸ル」ほーりーの文章で、「新江戸百景めぐり」の楽しさをエリア別に紹介!!

堀口茉純（お江戸ル・歴史作家）
東京都足立区生まれ。2008年に江戸文化歴史検定一級を当時最年少で取得し「江戸に詳しすぎるタレント＝お江戸ル（お江戸のアイドル!?）」として注目を集める。江戸関連著書多数。愛称・ほーりー

板橋区立郷土資料館 (P.157)
志村一里塚 24 (P.70)
縁切り榎 92 (P.157)
赤羽駅
東京都
池袋駅
新宿駅
渋谷駅
上野駅
東京駅
品川駅
目黒駅
大円寺
北千住駅
千住宿 (P.62)
橋戸稲荷 (P.63)
千住大橋 17 (P.62)
亀戸
港区立郷土歴史館 (P.159)
世田谷代官屋敷 42 (P.91)
行人坂 10 (P.51)
目黒不動 80 (P.143)
台場 90 (P.155)
江戸時代中期の海岸線
洗足池 81 (P.144)
磐井神社 (P.63)
本門寺 82 (P.145)
神奈川県
東京湾

い 江戸城

山下町日比谷外さくら田

武家政権の中枢部・江戸城内郭を中心とするエリア。現在は皇居として整備されている。各ポイント駅から近いため歴史散策初心者にもオススメ。

世が世なら一般人
立ち入り禁止の場所。
ここに歴代将軍が
いたんだと思うと
感慨ひとしお！

ほーりー

東京の中心部に、突如現れる巨大な緑地。ここにかつて江戸城の内郭という、徳川幕府の中枢部がありました。現在は多くの部分が皇居として宮内庁によって管理されています。

❶江戸城は本丸、二の丸、三の丸という徳川将軍一族の居住空間&政庁だった場所。皇居東御苑として無料公開されているのが嬉しいですね。

大手門、平川門、北桔橋門の3か所どこからでも出入りできて、各最寄り駅からは5分程度とアクセス抜群。内部では富士見櫓や天守台、石垣など、当時を彷彿とさせる遺構が見学できます。意外と高低差がありますので、歩きやすい服装で出かけましょう。休園日もあるので忘れずチェックです。

時間と体力があれば❷内堀沿いをのんびり歩くのもおすすめ。桜田門外の変の事件現場となった91桜田門、江戸城の裏門である半蔵門、❸千鳥ヶ淵近くの田安門は、なんと寛永13年（1636）建造当時の現存です。

江戸城の正門である大手門の近くにある100将門の首塚は、平安時代中期に東国を治めた平将門の首が京都から飛んできた！という逸話が残る場所。チョット怖い場所？という気がしますが、将門は神田明神にも祀られている江戸の守り神です。是非お参りしておきましょう。

1
2
3
A
B
C
D
JR中央本線
筑土神社
九段下駅
都営三田線
新御茶ノ水駅
小川町駅
淡路町駅
九段坂
神保町駅
靖国神社
田安門
千代田区役所
日本武道館
清水門
靖国通り
都営新宿線
千鳥ヶ淵 3
(P.42)
科学技術館
北の丸公園
国立近代美術館
竹橋駅
東京メトロ半蔵門線
日本カメラ博物館
千鳥ヶ淵
平川濠
北桔橋門
和気清麻呂像
平川門
(P.40)
乾門
天守台
(P.38)
1 江戸城
(P.38)
二の丸庭園
100 将門の首塚
(P.163)
東京国立近代美術館工芸館
皇居東御苑
三の丸尚蔵館
JR山手線ほか
内堀通り
半蔵門駅
百人番所
(P.39)
大手門
大手町駅
新宿通り
皇居
富士見櫓
(P.39)
2 内堀
(P.40)
半蔵門
旧西の丸
東京駅
国立劇場
内堀通り
最高裁判所
二重橋
皇居外苑
二重橋前駅
桜田濠
山下町日比谷外さくら田
永田町駅
91 桜田門
(P.156)
桜田門駅
JR東海道新幹線
東京メトロ有楽町線
出光美術館
日枝神社
71
国会議事堂
総務省
晴海通り
有楽町駅
東京メトロ南北線
外務省
霞ヶ関駅
日比谷駅
銀座一丁目
29
南町奉行所跡
日比谷公園
国会議事堂前駅
東京メトロ丸ノ内線
溜池
東京メトロ千代田線
日比谷図書文化館
首都高速都心環状線
銀座駅
溜池山王駅
江戸城外堀跡地下展示室
(P.41)
虎ノ門
東銀座駅
櫓台跡
虎ノ門駅
内幸町駅
虎ノ門金刀比羅宮
東京メトロ銀座線
東京メトロ日比谷線
大倉集古館
新橋駅
ゆりかもめ
N
愛宕山 8
NHK放送博物館
0
200
400
600
800
1000m

日本橋・築地・銀座

日本橋雪晴

武家の町である丸の内と商人の町である日本橋、そして寺町の築地と、江戸の様々な顔を知ることができる。範囲が広いので公共交通機関を上手く使おう。

このエリアには江戸時代から続いている老舗もたくさん。お買い物しながら散策を楽しもう！

時代劇や時代小説に出てくる場所って、現在どうなっているのかな？ そんな興味をきっかけに歴史散策に出かけるのも楽しいものです。

『遠山の金さん』『大岡越前』でおなじみの**28北町奉行所**、**29南町奉行所**はいったいどんな姿に？ 私からは「当時からは相当ギャップがある姿です」とだけ申し上げておきましょう（笑）。ご自身の目で確かめてみてください。また、新江戸百景ポイント周辺の施設に立ち寄れば、いろんな発見があるはず。

27金座の跡地は現在、日本銀行本店になっていますが、お向かいの貨幣博物館では本物の大判小判を見ることができ、休憩に最適です。しかも無料！

30伝馬町牢屋敷（てんまちょうろうやしき）の場合は、隣の十思（じっし）スクエア別館の小伝馬町牢屋敷展示館で牢屋敷のジオラマや、牢屋敷の上水井戸跡が公開されています。しかも無料!!

61築地本願寺の近くには築地場外市場もありますから、江戸前のお寿司で腹ごしらえ、なんていうのもイイですね。

7佃島（つくだじま）ではやっぱりお土産に佃煮を買いたいところ。町中にお醤油のいい匂が漂っています。

16日本橋を境にする南北のエリアには江戸創業の老舗がズラリ。お買い物を楽しみたい方はチェックしてみてくださいね。

小川町駅
淡路町駅
JR東北新幹線
首都高速1号線
小伝馬町牢屋敷展示館
都営新宿線
柳橋
(P.40)
63
両国広小路
馬喰町駅
東日本橋駅
東京メトロ千代田線
東京メトロ丸の内線
神田駅
長崎屋跡
新日本橋駅
(P.75)
小伝馬町駅
馬喰横山駅
都営三田線
三井記念美術館
30
伝馬町牢屋敷
(P.75)
和気清麻呂像
(P.117)
椙森神社
浜町駅
貨幣博物館
三越前駅
浜町公園
100
将門の首塚
日本橋通り
(P.116)
東京メトロ半蔵門線
JR山手線ほか
人形町駅
(P.73)
27
60
日本橋雪晴
百人番所
(P.39)
大手町駅
金座
(P.73)
日本橋魚河岸跡
16
日本橋
兜神社
水天宮
(P.60)
28
(P.74)
東京駅
北町奉行所跡
98
鎧の渡し
(P.162)
水天宮前駅
皇居外苑
日本橋駅
二重橋前駅
東京メトロ銀座線
都営浅草線
日本橋日枝神社
茅場町駅
首都高速都心環状線
東京メトロ日比谷線
東京メトロ東西線
日本橋川
江戸歌舞伎発祥之地の碑
京橋駅
宝町駅
出光美術館
20
永代橋
有楽町駅
29
(P.74)
日比谷駅
銀座一丁目駅
八丁堀駅
南町奉行所跡
中央通り
佃まちかど展示館
JR京葉線
中央大橋
銀座駅
新富町駅
中央区役所
東銀座駅
歌舞伎座
佃島渡船の碑
住吉神社
(P.46)
築地駅
浅野内匠頭邸跡
東京メトロ有楽町線
佃大橋
(P.47)
7
佃島
(P.46)
新橋駅
61
築地本願寺
(P.118)
隅田川
築地市場駅
都営大江戸線
波除稲荷神社
月島駅
ゆりかもめ
汐留駅
かちどき橋の資料館
勝鬨橋
N
0
200
400
600
800
1000 m
浜離宮恩賜公園

神田・お茶の水・飯田橋

水道橋駿河台

江戸城の外堀・神田川沿いには見どころが盛りだくさん。陸上の歴史散策はもちろん、船を使った神田川クルーズも視点が変わって面白い。

江戸時代初期、現在の御茶ノ水駅のあたりには神田山という大きな山がありました。一説によると仙台藩主・伊達政宗が、江戸城を見下ろせる位置に山があるのは防衛上危険であると指摘したために山が切り崩され、さらに外堀となる6神田川を通したのだといいます。このあたりの工事は政宗自身が責任をもって請け負ったため、仙台堀とも呼ばれていました。

400年前に行なわれた土木工事だと思うとスゴイですね！

さらにスゴイのは、井の頭池を水源とし、36 **小石川後楽園**（水戸藩上屋敷）を通っていた 14 **神田上水**を、水道橋のところで神田川を立体交差する形で江戸市中に引いていたこと。近くの水道歴史館では江戸の水道インフラ事情がより深く学べます。

江戸総鎮守 59 **神田明神**と、学問の聖地 31 **湯島聖堂**は道を挟んでお隣同士。人通りの多い御茶ノ水駅のすぐ近くとは思えない、神秘的な空気が漂います。

外堀である神田川は江戸城総構えの内と外の境界線。つまり、内側は広い意味での江戸城内ということになります。このため、外堀のお城側には見附門が造られ、いざというときには防衛拠点として機能するようになっていました。5 **牛込見附**跡に残る堅牢な石垣は、往時の役目を無言で物語っています。

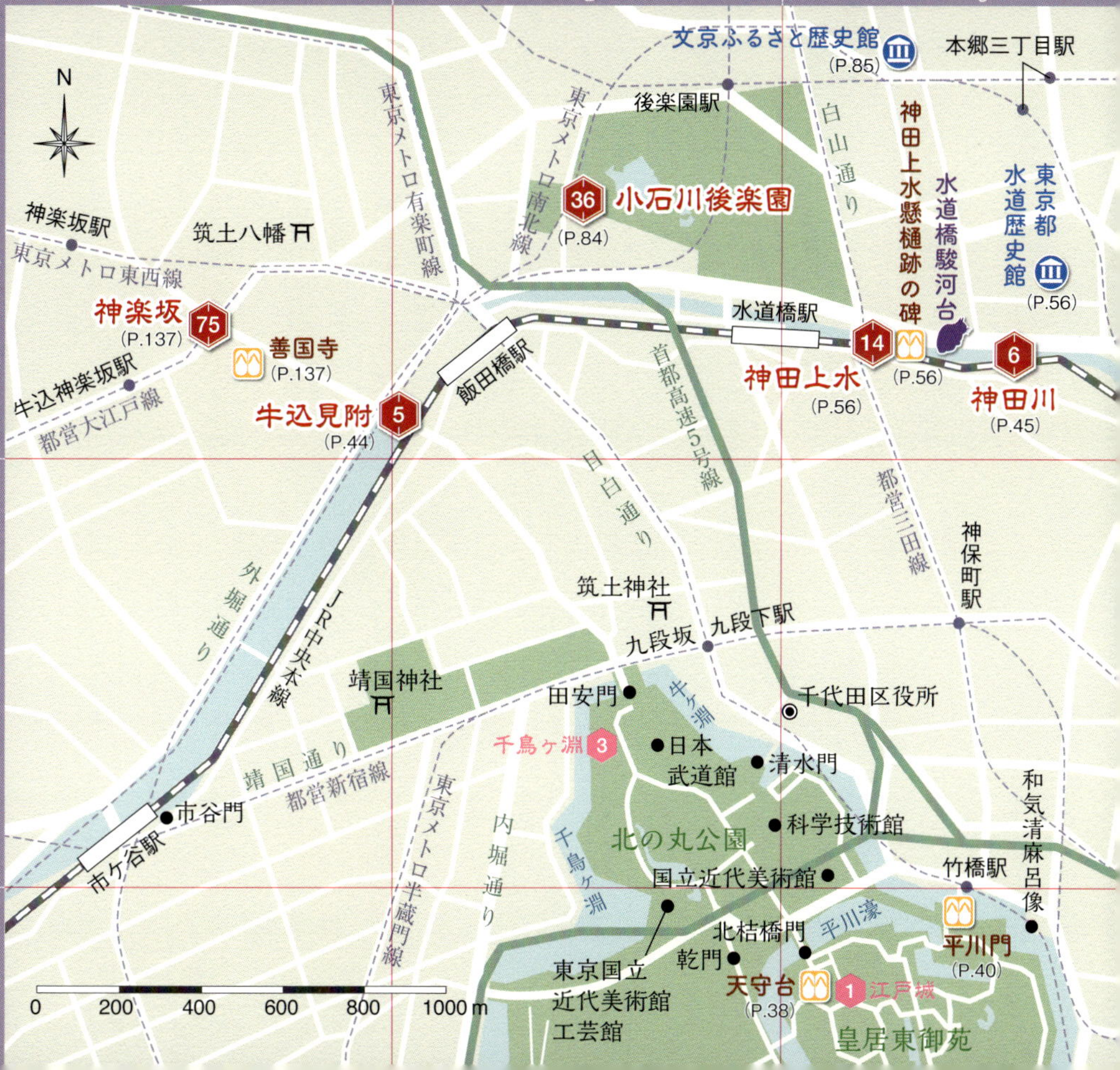

に 本郷・小石川

千駄木団子坂花屋敷

徳川将軍家にゆかりの深いお寺や武家屋敷地が多いエリア。ポイントごとに見どころが多いので、一度に回ろうとせず、各所の見学に時間をかけたい。

寺社やお墓に出かけるときは、目当ての写真を撮るだけでなく、本堂・本殿にきちんとお参りしよう！

ここで取り上げられている場所は、直接的、間接的に歴代徳川将軍にゆかりがあります！

まず45**伝通院**は初代将軍・徳川家康の生母・於大の方の法名。もともとは寿経寺という名前のお寺でしたが、伝通院の菩提寺になったことから寺の通り名も変わりました。以降、二代・秀忠の長女・千姫、三代・家光の正室・鷹司孝子など徳川ゆかりの姫君たちのお墓があります。現地でお線香も買え、丁寧な解説板もあるのでゆっくりお参りしましょう。

58**根津権現**は五代・綱吉&六代・家宣ゆかりの地。ナント当時の建物が現存しています。楼門の右側の随身は水戸黄門こと徳川光圀がモデルとされていますのでチェックしてみてください。

32**小石川薬園**は八代将軍・吉宗による享保の改革の一環で小石川養生所が置かれ、甘藷栽培が行なわれた場所。

40**赤門**は十一代・家斉の21女（！）溶姫が輿入れしたことを示す御朱殿門。東大の敷地内に入って大丈夫？ とドキドキですが、自由見学ＯＫ（入試時などは規制アリ）です！

73**駒込富士神社**には初代・家康が好きなものが関係しています。それは、富士山とナス！ 境内に富士塚があり、周辺で駒込ナスが名産でした。さらに、近くに鷹匠屋敷もあったので、「一富士、二鷹、三茄子」すべてがそろうパワースポットというわけです。

JR山手線
巣鴨駅
六義園
東洋文庫
駒込富士神社
(P.135)
都営三田線
千石駅
吉祥寺
道灌山
(P.54)
西日暮里
東京メトロ千代田線
富士見坂
(P.54)
千駄木駅
千駄木団子坂
花屋敷
本駒込駅
駒込稲荷神社
白山神社
大円寺
(焙烙地蔵)
白山駅
筑波大学
東京キャンパス
小石川植物園
小石川薬園
(P.77)
根津権現
(P.112)
(P.113)
東大前駅
根津駅
茗荷谷駅
林泉寺
澤蔵司稲荷
白山通り
東京メトロ南北線
本郷通り
東京大学
東大病院
講安寺
春日通り
東京メトロ丸ノ内線
伝通院
(P.94)
(P.94)
源覚寺
(こんにゃくえんま)
春日駅
赤門
(P.89)
首都高速5号線
文京ふるさと歴史館
麟祥院
文京区役所
(P.85)
都営大江戸線
本郷三丁目駅
後楽園駅
神田上水懸樋跡の碑
東京ドーム
東京都
水道歴史館
N
小石川後楽園
筑土八幡
神田上水
(P.56)
折り紙会館
神田川
神楽坂
飯田橋駅
JR中央本線
水道橋駅
神田川
湯島聖堂
善国寺 (P.113)
(P.56)
御茶ノ水駅
0
200
400
600
800
1000 m
牛込見附

ほ 上野・谷中

上野清水堂不忍ノ池

寛永寺を筆頭に歴史ある寺社仏閣がひしめき合う。新たな観光地として人気の谷中・根津・千駄木をめぐるいわゆる谷根千散策とからめるのもオススメ。

一日で歩いて
めぐるのはかなり大変
それぞれゆっくり
見たいし、何回かに
分けて行ってもイイね

ほーりー

このエリアは、町の特徴で大きくふたつに分類できます。

ひとつめは、武士の息吹を感じる湯島・上野エリア。**46 麟祥院**は三代将軍・家光の乳母・春日局のお墓があり、**56 湯島天神**は徳川家をはじめとする武士たちから崇敬を集めた学問の神様。私も受験の時は毎回こちらにお参りしました。どちらも凛とした空気感に包まれていて、背筋がピンとなる場所です！

湯島から上野までは意外と近いので、充分徒歩圏内。

55 上野不忍池や博物館・美術館がある上野公園の敷地は、江戸時代にはほぼすべて**44 寛永寺**の境内でした。現在は大幅に縮小されたとはいえ、徳川将軍御霊廟や徳川慶喜が謹慎した葵の間などの特別参拝（完全予約制。詳細は寛永寺HPで要確認）が行なわれるなど、唯一無二の存在感を放っています。

ふたつめは、庶民の楽しみを味わう日暮里・感応寺エリア。この辺りに風光明媚な景色が広がっていたため「一日過ごしても飽きない、日暮らしの里」と呼ばれるようになったのが、**12 日暮里**の由来。

57 谷中感応寺（天王寺）では富くじ興業が有名で、元祖会いに行けるお江戸のアイドル・笠森お仙の茶屋もあるなど、娯楽も充実していたようです。

JR山手線ほか
JR東北本線
日暮里・舎人ライナー
京成本線
三河島駅
荒川区役所
都電荒川線
JR常磐線
西日暮里駅
道灌山
(P.54)
12
富士見坂
(P.54)
日暮里
(P.54)
日暮里駅
本行寺
(P.54)
谷中感応寺
(P.111)
57
朝倉彫塑館
千駄木駅
天王寺大仏
谷中霊園
(因州池田屋敷表門)
東京国立博物館
鶯谷駅
東京メトロ日比谷線
小野照崎神社
54
駒込稲荷神社
(P.113)
58 根津権現
寛永寺
44
(P.92)
真源寺
(P.107)
入谷駅
黒門
(P.93)
上野動物園
国立科学博物館
東大前駅
根津駅
東京メトロ千代田線
旧寛永寺五重塔
(P.92)
上野大仏
(P.93)
上野清水堂不忍ノ池
国立西洋美術館
首都高速1号線
東照宮
不忍池弁天堂
(P.108)
上野駅
本郷通り
東京大学
上野不忍池
(P.108)
55
台東区役所
東大病院
講安寺
京成上野駅
稲荷町駅
東京メトロ銀座線
浅草通り
40 赤門
下町風俗資料館
上野広小路駅
本郷三丁目駅
麟祥院
46
(P.94)
56
湯島天神
(P.110)
湯島駅
御徒町駅
つくばエクスプレス
新御徒町駅
都営大江戸線
東京メトロ丸ノ内線
仲御徒町駅
JR東北新幹線
東京都水道歴史館
(P.56)
妻恋神社
折り紙会館
末広町駅
神田川
6
神田明神
59
N
0
200
400
600
800
1000m
1
2
3
A
B
C
D

浅草

浅草金竜山

現代の日本人はもちろん、外国人にも人気の浅草は、お江戸でも屈指の観光地。浅草寺だけでなく、さらに一歩踏み込んだ歴史散策を楽しもう。

毎日がお祭りみたいに賑やかな浅草は歩くだけでウキウキしちゃう！人が多いのではぐれないようにね

ほーりー

50浅草寺界隈は江戸時代にタイムスリップしたような気分が味わえる場所。雷門から延びる**49浅草門前**の仲見世の賑わいも当時からで、江戸時代初期に創業したお店もあります。

　震災や戦災の被害が大きく、浅草寺の建物は耐震防火設備万全の新しいものが多いのですが、**51三社権現**（浅草神社）のご社殿は三代将軍・徳川家光が寄進した当時のもの！　瓦には葵の御紋が刻まれています。

　浅草寺、三社権現といった宗教施設だけでなく、娯楽が充実していたのもこのエリアの魅力。**52猿若町**は、天保の改革によって歌舞伎などのエンターテイメントを一か所に集めた興行街で、お江戸のブロードウェイのような場所でした。

　現在は興行は行なわれていませんが、道筋や町割はほぼ当時のまま。看板や幟も立っているので当時の賑わいを想像しながら歩きましょう。

　また、近くには**77新吉原**（吉原遊廓）もあります。隅田川を猪牙舟（ちょきぶね）でさかのぼってやってきた遊客は、**76山谷堀**で船を下り、船宿や料亭で一息ついたため、花柳界も形成されました。

　53待乳山聖天（まつちやましょうてん）は場所柄、歌舞伎役者や芸者など芸能関係者から信仰を集めたところ。小高い場所にあるので景勝地としても人気でした。現在もスカイツリーがよく見えます。

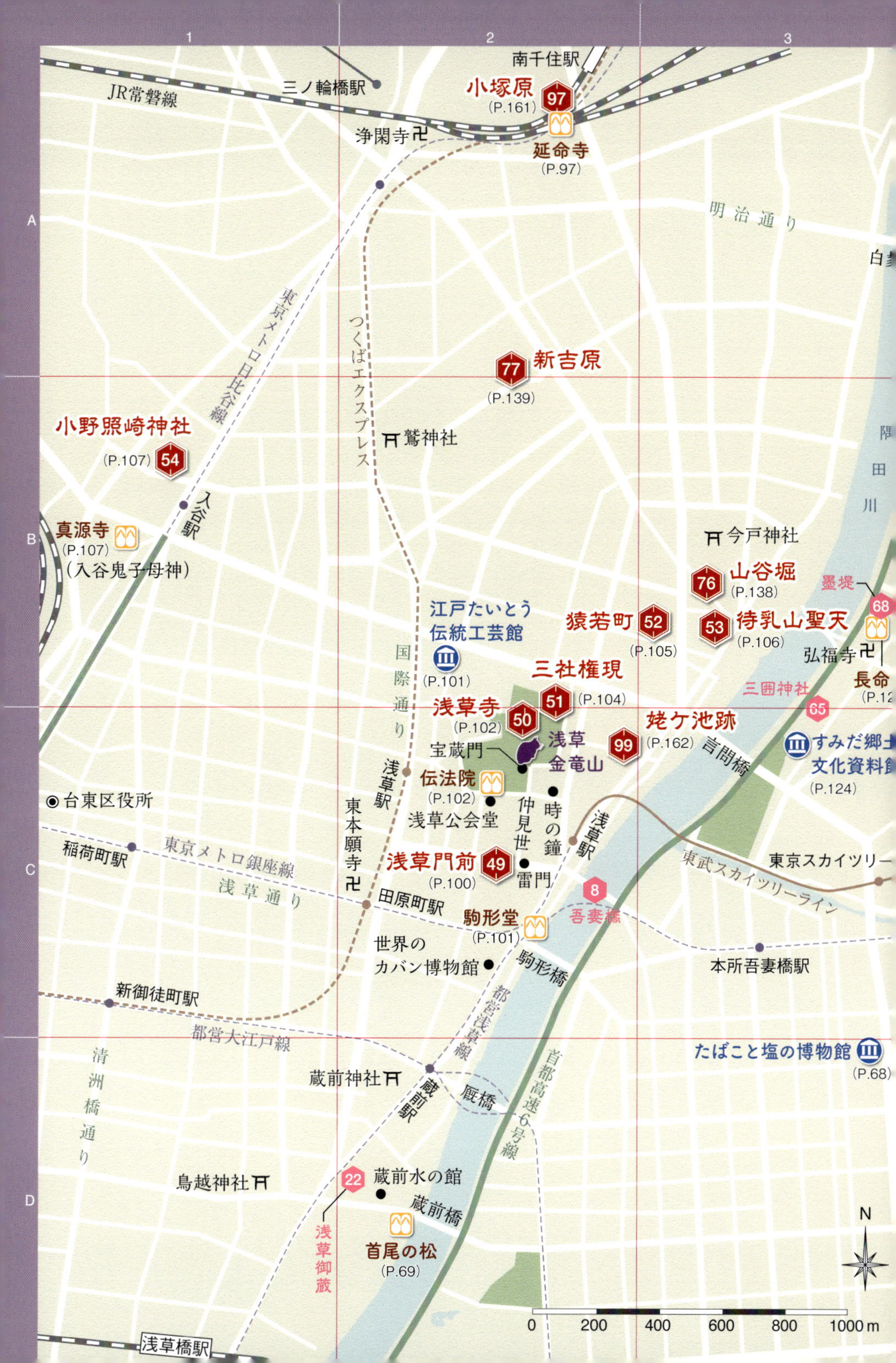
1
2
3
A
B
C
D
南千住駅
三ノ輪橋駅
JR常磐線
小塚原
97
(P.161)
浄閑寺
延命寺
(P.97)
明治通り
東京メトロ日比谷線
つくばエクスプレス
新吉原
77
(P.139)
鷲神社
小野照崎神社
(P.107)
54
入谷駅
真源寺
(P.107)
(入谷鬼子母神)
今戸神社
76
山谷堀
(P.138)
隅田川
墨堤
68
江戸たいとう
伝統工芸館
(P.101)
猿若町
52
(P.105)
53
待乳山聖天
(P.106)
弘福寺
長命
三社権現
51
(P.104)
三囲神社
65
国際通り
浅草寺
(P.102)
50
浅草
金竜山
99
姥ケ池跡
(P.162)
言問橋
すみだ郷土
文化資料館
(P.124)
宝蔵門
伝法院
(P.102)
浅草駅
浅草公会堂
時の鐘
仲見世
台東区役所
東本願寺
浅草駅
稲荷町駅
東京メトロ銀座線
浅草通り
東武スカイツリーライン
東京スカイツリー
浅草門前
49
(P.100)
雷門
8
吾妻橋
田原町駅
駒形堂
(P.101)
世界の
カバン博物館
駒形橋
本所吾妻橋駅
新御徒町駅
都営大江戸線
都営浅草線
清洲橋通り
たばこと塩の博物館
(P.68)
蔵前神社
蔵前駅
厩橋
首都高速6号線
鳥越神社
22
蔵前水の館
蔵前橋
浅草御蔵
首尾の松
(P.69)
N
0
200
400
600
800
1000 m
浅草橋駅

向島

吾妻橋金竜山遠望

東京スカイツリーの足元でも江戸の名残が感じられる。落ち着いていて雰囲気のいい町だが、細い道が多く迷いやすいので注意。

鐘ヶ淵、東向島、曳舟……歴史を感じる風情ある駅名がたくさんあるのもうれしいね！

江戸時代の隅田川には5本の橋が架かっていましたが、そのうち最後に架橋されたのが21吾妻橋（あずまばし）です。当時も現在と同じ場所に架かっていました。

幕府は大川橋と命名したのですが、隅田川の上流は平安時代の歌人・在原業平（ありわらのなりひら）の東下りの地であることから、地元の人々は「あずま橋」と呼んで親しんでいたとか。雅（みやび）な！　このため明治になって正式に吾妻橋と名称変更したそうです。

隅田川の東側、東京スカイツリーのある向島エリアは、江戸時代には文人墨客に愛される風光明媚な観光地でした。

当時の切絵図を見ると、この辺りはほぼ緑色。つまり、田畑が広がっていたんです。この田舎っぽい風景を生かしたゆったりとした料亭や、65三囲神社（みめぐりじんじゃ）のような神社仏閣に行くと、江戸の中心部の喧騒で疲れ切った心が癒される！　と大人気だったんです。

また花の名所としても知られ、66墨堤（ぼくてい）の桜や小梅村の梅はもちろん、67向島百花園のような花のテーマパークまでありました。

多くの庶民が観光に訪れたのはもちろん、十一代将軍・徳川家斉、十二代・家慶（いえよし）もお忍びでやってきたといいます。

残念ながら戦災で焼失しましたが、昭和24年に復元され、現在も四季折々の花を楽しむことができます。

荒川
ふるさと文化館
(P.161)
JR常磐線
東京メトロ日比谷線
つくばエクスプレス
南千住駅
小塚原
回向院
(P.97)
小塚原 97
延命寺
(P.97)
水神大橋
木母寺
(P.125)
隅田川神社
首都高速6号線
東白鬚公園
鐘ケ淵駅
明治通り
白鬚橋
東向島白鬚神社
(P.124)
東武スカイツリーライン
向島百花園
67
(P.126)
東向島駅
77
新吉原
隅田川
墨堤通り
京成押上線
今戸神社
長命寺
(P.125)
山谷堀 76
66
墨堤
(P.124)
猿若町 52
53 待乳山聖天
弘福寺
秋葉神社
曳舟駅
京成曳舟駅
51 三社権現
浅草寺 50
65
三囲神社
(P.123)
すみだ郷土文化資料館
(P.124)
言問橋
99
姥ケ池跡
宝蔵門
伝法院
(P.102)
仲見世
時の鐘
浅草駅
東武亀戸線
浅草門前 49
雷門
吾妻橋金竜山遠望
21
吾妻橋
(P.68)
墨田区役所
東京スカイツリー駅
押上駅
東京スカイツリー
郵政博物館
駒形橋
本所吾妻橋駅
都営浅草線
世界のカバン博物館
浅草通り
たばこと塩の博物館
(P.68)
春日通り
N
0 200 400 600 800 1000m

両国・蔵前

両国花火

隅田川両岸には、隅田川テラスという遊歩道が整備されている。川沿いを歩いて水の都だった江戸の町に思いをはせるのも一興だ。

浅草御蔵（おくら）は、全国の幕府領からあつまった年貢米を収納した場所。幕府財政の中心機関で東京ドームおよそ2個分の巨大な倉庫地帯でした。

現在は**22浅草御蔵**跡の石碑があるくらいで当時の面影はほとんどありませんが、石碑の道を挟んで向かいに「首尾の松」（7代目）が。隅田川を船で行き交う人々がこの辺りで吉原での首尾を語り合ったことから、こう呼ばれたと言われています。

18両国橋のたもと（西詰め）の**63両国広小路**は江戸随一の盛り場。橋を渡って墨田区側の堤防の壁面に、当時の賑わいを描いた浮世絵の拡大&複写ラッピングが施されているのでお見逃しなく。

ちなみに、江戸時代の両国橋はもう少し下流に架かっていて、**64回向院**（えこういん）の参道とダイレクトにつながっていました。現在は京葉道路側に出入り口がありますが、当時は川側にあったんですね。

87吉良邸跡で討ち入りを終えた赤穂義士たちは回向院に集合して休息する予定でしたが、入ることができず、両国橋東詰めで待機したとか。寺側は男たちの様子を見てただならぬ事態を察知し、門を開けなかったとも伝わっています。

両国駅周辺には江戸東京博物館、すみだ北斎美術館、相撲博物館などもありますので、散策に合わせてぜひ訪れてみてください。

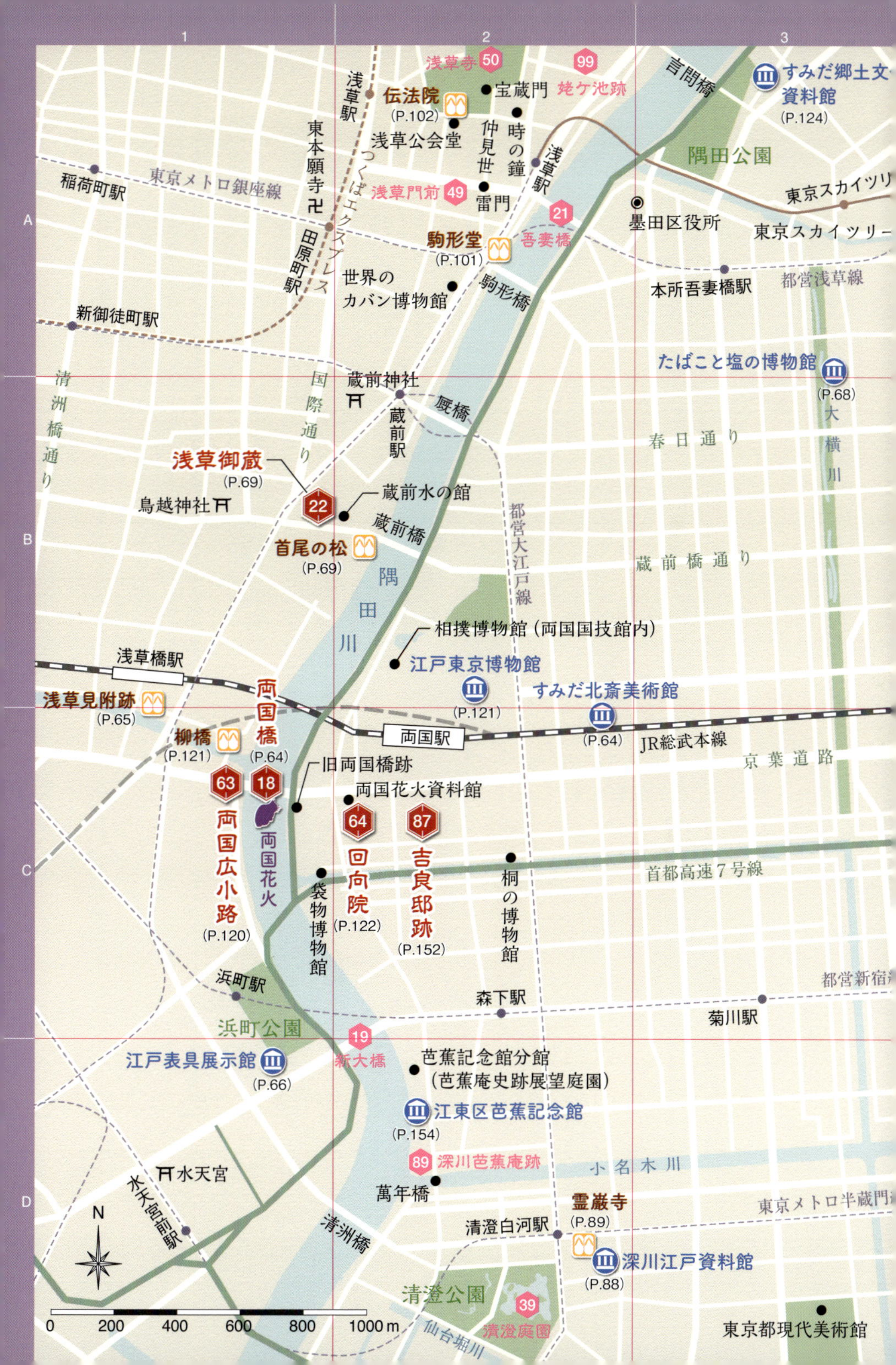

1
2
3
A
B
C
D
浅草寺 50
99 姥ケ池跡
浅草駅
伝法院 (P.102)
宝蔵門
時の鐘
仲見世
浅草公会堂
東本願寺
つくばエクスプレス
稲荷町駅
東京メトロ銀座線
浅草門前 49
雷門
浅草駅
21 吾妻橋
言問橋
すみだ郷土文化資料館 (P.124)
隅田公園
東京スカイツリー
墨田区役所
東京スカイツリー
本所吾妻橋駅
都営浅草線
田原町駅
駒形堂 (P.101)
駒形橋
世界のカバン博物館
新御徒町駅
清洲橋通り
国際通り
蔵前神社
厩橋
蔵前駅
たばこと塩の博物館 (P.68)
大横川
春日通り
浅草御蔵 (P.69)
22
蔵前水の館
鳥越神社
蔵前橋
首尾の松 (P.69)
都営大江戸線
蔵前橋通り
隅田川
相撲博物館（両国国技館内）
江戸東京博物館 (P.121)
すみだ北斎美術館 (P.64)
浅草橋駅
浅草見附跡 (P.65)
両国橋 (P.64)
柳橋 (P.121)
両国駅
JR総武本線
京葉道路
旧両国橋跡
両国花火資料館
63 両国広小路 (P.120)
18 両国花火
64 回向院 (P.122)
87 吉良邸跡 (P.152)
袋物博物館
桐の博物館
首都高速7号線
浜町駅
森下駅
菊川駅
都営新宿線
浜町公園
19 新大橋
江戸表具展示館 (P.66)
芭蕉記念館分館（芭蕉庵史跡展望庭園）
江東区芭蕉記念館 (P.154)
89 深川芭蕉庵跡
小名木川
水天宮
水天宮前駅
萬年橋
霊巌寺 (P.89)
東京メトロ半蔵門線
清澄白河駅
清洲橋
深川江戸資料館 (P.88)
清澄公園
39 清澄庭園
仙台堀川
東京都現代美術館
N
0
200
400
600
800
1000 m

り 深川

大はしあたけの夕立

江戸時代に埋め立てによって造られた新しい町。材木を扱う商人・職人たちが暮らした町でもあり活気があった。現在も江戸風情が感じられるエリア。

俳聖・松尾芭蕉は89深川芭蕉庵を活動拠点にしていました。そのころちょうど19新大橋が架かった（現在の位置より200メートル下流）ため、橋の工事中には「初雪や かけかかりたる 橋の上」の句を、橋の完成を見て「ありがたや いただいて踏む 橋の霜」の句を詠んでいます。隅田川の東側で暮らす人びとにとって、西側の日本橋の商業エリアとダイレクトにつながる橋がいかにありがたいものだったのかが感じられますね。25猿江御材木蔵（さるえおざいもくぐら）、26木場からもわかるように、この辺りは材木の集積地で木を扱う商人や職人の多い町でした。

材木商として一代で成り上がった豪商・紀伊国屋文左衛門（きのくにやぶんざえもん）も晩年は70富岡八幡宮の一の鳥居付近に住み、同地に総金張りの神輿3基を奉納した、火事で焼失した社殿再建費用を全額負担した、などなど数々の成金伝説を残しています。

散歩飯には名物・深川飯をぜひ！ 江戸時代海が近かったころの名残で、アサリやハマグリなどの貝類がタップリ。おいしいですよ。

相撲博物館（両国国技館内）
江戸東京博物館
(P.121)
すみだ北斎美術館
(P.65)
錦糸町駅
両国駅
JR総武本線
柳橋
(P.121)
旧両国橋跡
両国花火資料館
63 両国広小路
18 両国橋
64 回向院
87 吉良邸跡
桐の博物館
首都高速７号線
袋物博物館
都営大江戸線
浜町駅
大はしあたけの夕立
都営新宿線
浜町公園
19 新大橋
(P.66)
森下駅
新大橋通り
菊川駅
大横川
小名木川
江戸表具展示館
(P.66)
芭蕉記念館分館（芭蕉庵史跡展望庭園）
江東区芭蕉記念館
(P.154)
89 深川芭蕉庵
(P.154)
13
(P.55)
水天宮前駅
萬年橋
霊巌寺
(P.89)
東京メトロ半蔵門線
清洲橋
清澄白河駅
深川江戸資料館
(P.88)
39 清澄公園
清澄庭園
(P.88)
東京都現代美術館
仙台堀川
首都高速９号線
20 永代橋
(P.67)
赤穂浪士
休息の地の碑
26 木場
(P.72)
木場公園
富岡八幡宮資料館
深川不動堂
(P.131)
木場公園
都市緑化植物園
70 富岡八幡宮
(P.130)
門前仲町駅
清澄通り
木場駅
東京メトロ東西線
隅田川
洲崎神社
相生橋
越中島駅
JR京葉線
N
0 200 400 600 800 1000ｍ
1 2 3
A B C D

ぬ

芝・高輪

高輪うしまち

この地図上の中央通りから第一京浜の道筋がほぼ旧東海道にあたる。街道を大名行列や赤穂義士になった気分で楽しむのもいいだろう。

浜御殿と増上寺では、江戸、東京どちらの景色も一度に見られて最高！　古いものと新しいもの、両方素敵だね

江戸城の鬼門を守る上野の寛永寺に対して、裏鬼門を守る48**増上寺**。歴代将軍のお墓もあります。墓地改装によって規模は大幅に縮小されていますが、拝観が可能。一見の価値アリです。

33**浜御殿**は徳川将軍家の別邸。広々とした敷地の中で歴代将軍が鷹狩りをしたり、魚釣りをしたり、ゾウを飼ったり！　旧東海道を挟む形で増上寺、浜御殿という徳川家関連の大規模施設があるのは、有事の際に軍事拠点としての役割を担うため。計画的な都市設計だったんですね。

実際、幕末の戊辰戦争で江戸総攻撃が決定し、すわ有事、となりますが、勝海舟と西郷隆盛の会談が行なわれ、戦闘は回避されました。いわゆる江戸無血開城です。会談が行なわれた94**薩摩藩蔵屋敷跡**には石碑が立つのみですが、歴史を知っていれば充分感慨に浸れるはずです。もし事が起こっていたら現在の東京は無かったでしょうから。

一説によると勝海舟は会談の前に西郷隆盛を、江戸が一望できる8**愛宕山**に連れ出して、江戸無血開城の事前交渉をおこなったとも言われています。いったいどんな話をしたんでしょうか。想像が膨らみますね。

23**高輪大木戸**は江戸の出入り口。東海道を利用する旅人の送迎用の店が立ち並びました。当時は間近に海が迫っていたため、海鮮類が名物だったようです。

愛宕山
(P.48)
NHK放送博物館
増上寺宝物展示室
(P.96)
東京タワー
芝神明宮
(P.136)
増上寺
(P.96)
大門
(P.97)
芝東照宮
(P.97)
芝離宮庭園
(P.82)
浜御殿
恩賜公園
アド・ミュージアム東京
新橋駅
汐留駅
六本木一丁目駅
神谷町駅
御成門駅
大門駅
浜松町駅
芝公園駅
赤羽橋駅
麻布十番駅
竹芝駅
日の出駅
三田駅
田町駅
芝浦ふ頭駅
白金高輪駅
泉岳寺駅
品川駅
東京メトロ日比谷線
都営三田線
中央通り
都営浅草線
都営大江戸線
第一京浜
桜田通り
日比谷通り
麻布通り
東京メトロ南北線
ゆりかもめ
東京モノレール
JR横須賀線
首都高速1号線
レインボーブリッジ
東京湾
薩摩藩蔵屋敷跡
(P.158)
元和キリシタン遺跡
(P.159)
済海寺
(P.159)
御田八幡神社
高輪うしまち
高輪大木戸
(P.70)
泉岳寺
(P.153)
赤穂義士記念館
(P.153)
承教寺
東禅寺
(P.158)
JR山手線ほか
JR東海道新幹線
0 200 400 600 800 1000m

品川

品川御殿やま

江戸四宿の内、現在でも当時の宿場町の風情が最も感じられるエリア。北品川商店街の品川宿交流館に情報が集まっているので活用しよう。

江戸と地方をつなぐ五街道のうち、最も交通量が多かったのが東海道。その第一の宿場である78品川宿はたくさんの旅籠や飲食店が立ち並ぶ繁華街でした。

現在も商店街になっていて賑やかな雰囲気が残っています。特に北品川駅から青物横町駅までのおよそ3キロにわたる旧東海道筋周辺には宿場の中心部であった〝品川宿本陣跡〟や、高杉晋作ら長州の志士たちの根城となっていた旅籠〝土蔵相模跡〟などを知らせる石碑や看板が充実していて、歴史散策しやすいのが嬉しいですね。

神社仏閣もたくさんあります。沢庵漬けで知られる名僧・沢庵和尚ゆかりの79東海寺は、三代将軍・徳川家光が、沢庵和尚を訪ねたときに「海近くして東（遠）海寺とはこれ如何に」と聞き、和尚が「大軍を率いて将（小）軍というがごとし」と答えたという逸話が有名です。

埋め立てが進んで全くわからなくなっていますが、当時は海のすぐ近くだったんですね。

宿場のはずれに忽然と現われるのが96鈴ヶ森、処刑場跡。ここで天一坊、八百屋お七などの公開処刑が行なわれました。「江戸で悪いことをするとこうなるぞ」という見せしめです。あまり楽しい場所ではありませんが、江戸の一面に触れられる重要な史跡です。

東海道最初の宿場町・品川！　江戸に入る人、江戸から出る人、様々な人が行き交ったんだろうな～

原美術館
御殿山
9
(P.50)
品川御殿やま
北品川駅
土蔵相模跡
利田神社
(P.140)
天王洲アイル駅
JR山手線
大崎駅
品川神社
(P.140)
78
品川宿
(P.140)
寄木神社
品川宿交流館
沢庵の墓
(P.142)
79
東海寺
(P.142)
新馬場駅
荏原神社
(P.140)
首都高速1号線
京浜運河
JR横須賀線
JR湘南新宿ライン
JR東海道新幹線
JR東海道本線
京急本線
旧東海道
品川シーサイド駅
青物横丁駅
品川寺
(P.140)
品川区役所
下神明駅
東急大井町線
海晏寺
(P.140)
大井町駅
りんかい線
鮫洲駅
池上通り
第一京浜
東京モノレール
立会川駅
坂本龍馬像
(P.160)
品川区立
品川歴史館
(P.142)
大井競馬場
大井競馬場前駅
大井埠頭
中央海浜公園
96
鈴ヶ森
(P.160)
大森海岸駅
大森駅
N
0
200
400
600
800
1000 m

赤坂・四谷

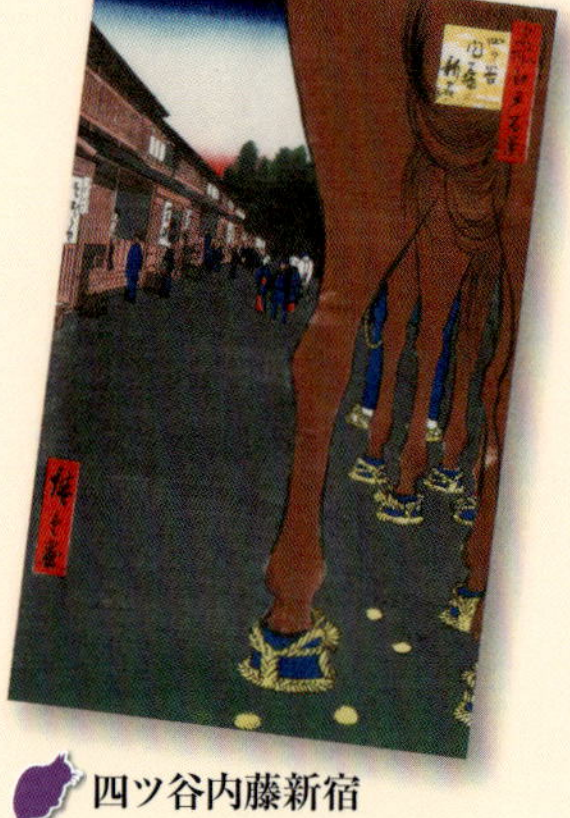

四ツ谷内藤新宿

落ち着いた大人の町・赤坂と、雑多で賑やかな町・新宿。こうした雰囲気の違いはいったいどうして生まれたのか。そのヒントは江戸時代にある。

駅名にもなっている赤坂見附（みつけ）は牛込見附と同様に、江戸城の外堀のお城側に造られた防衛拠点・見附門のひとつ。うずたかく積まれた4外堀の高石垣からもその鉄壁ぶりを偲ぶことができます。

また、外堀通りという名前からは、かつてこの場所に外堀があったことがわかりますね。外堀沿いの71日枝（ひえ）神社は上は将軍家から下は庶民まで「江戸の産土（うぶすな）神（がみ）」として崇敬を集めた場所。個人的には堂々たる山王鳥居から入り、お参りを済ませたら赤い鳥居が立ち並ぶ稲荷参道から出るのがオススメです。

江戸城にほど近い赤坂は武家屋敷地で、御三家紀州徳川家の広大なお屋敷もありました。このため同家から将軍になった八代・吉宗（よしむね）ゆかりの地とも言えます。例えば72赤坂氷川神社の本殿は吉宗が造営した当時のものが現存！　本人もお参りに来たそうですよ。

ところ変わって新宿通り。これはかつての甲州街道で、15玉川上水の辺りに四谷の大木戸があり、そこから先が宿場町でした。旅籠（はたご）には飯盛女がいて、ナイトスポットとしても人気の場所。現代の新宿の素地はこうしてつくられていたんですね。

15、35はちょっと離れているから、別々の日に散策するのがオススメ！無理は禁物だよ

ほーりー

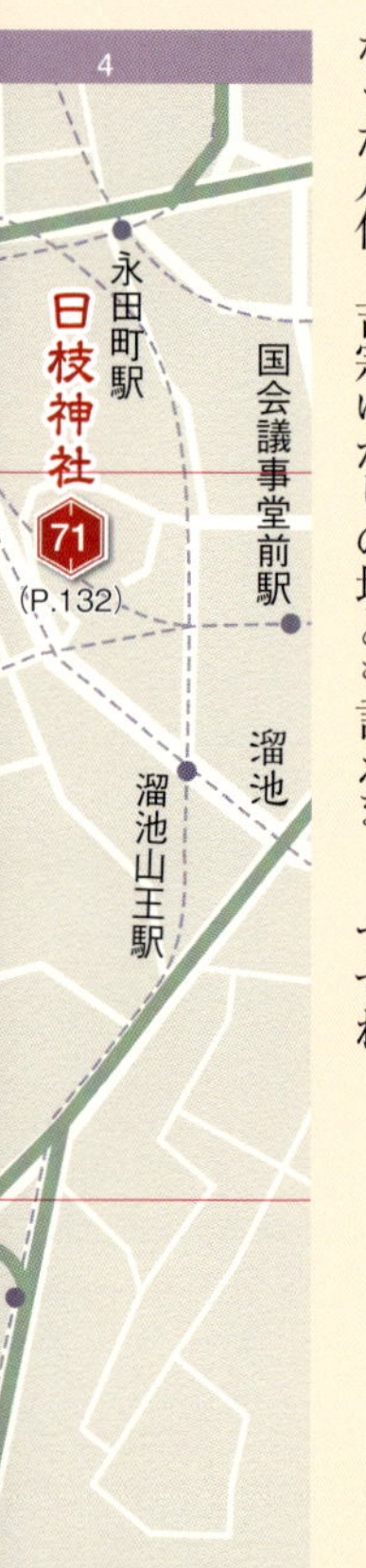

1
2
3
A
B
C
D
曙橋駅
都営新宿線
市ケ谷駅
市谷
靖国通り
四ッ谷内藤新宿
新宿御苑前駅
四谷大木戸跡
消防博物館
新宿歴史博物館
(P.83)
四谷三丁目駅
外堀通り
東京メトロ有楽町線
15
玉川上水
(P.57)
水道碑記
(P.57)
35
新宿御苑
(P.83)
東京メトロ丸ノ内線
四ツ谷駅
新宿通り
東京メトロ南北線
千駄ヶ谷駅
信濃町駅
JR中央本線
迎賓館
国立競技場駅
外堀
4
(P.43)
赤坂見附駅
鳩森八幡神社
赤坂御用地
外苑西通り
東京メトロ半蔵門線・銀座線
赤坂駅
太田記念美術館
青山通り
青山一丁目駅
勝海舟邸跡
(P.134)
赤坂氷川神社
(P.134)
72
外苑前駅
都営大江戸線
サントリー美術館
乃木坂駅
檜町公園
東京ミッドタウン
表参道駅
東京メトロ千代田線
国立新美術館
六本木駅
根津美術館
東京メトロ日比谷線
N
紅ミュージアム
首都高速3号線
六本木ヒルズ
0
200
400
600
800
1000m

わ 目白・早稲田

高田姿見のはし
俤の橋砂利場

ここで取り上げるそれぞれのポイントに関連性はないので、周囲の史跡をチェックして個別に訪れるのがよいだろう。

学校や住宅地が多い
賑やかなエリアだけど、
一歩史跡に入ると
別世界だね～

子どもたちの遊び場や大人のジョギングコースになっている41戸山公園は、もとは尾張徳川家の大名庭園。箱根山に見立てて造られた高さ44・6メートルの築山が現存していて登ることもできます。所要時間5分程度ですが、達成感がありますよ。

38肥後細川庭園も、もとは大名庭園。こちらはかなり当時の雰囲気が残っています。

47護国寺は五代将軍・徳川綱吉が、母・桂昌院の願いを叶える形で創建。広々とした境内に堂々鎮座する巨大な本堂に圧倒されますが、この建物はナント元禄10年（1697）当時の現存。本堂内では、仏像の数々や、当時奉納された巨大な絵馬、綱吉自身の筆という「悉地院」の扁額などが拝観でき感動的です。境内には結構険しい富士塚もあるので、体力に余裕があれば登ってみましょう。

83雑司ヶ谷鬼子母神の鬼子母神は、鬼ではなく、羽衣をつけて子どもを抱いた菩薩のお姿をしているそう。このため角がつかない「鬼」の字をあえて使っているそうですよ。

こちらで定番のお土産といえば「すすきみみずく」。その名の通りススキで作ったミミズクなんですが（笑）、鬼子母神のお告げで作られるようになったと言われている、素朴で可愛い縁起物です。

池袋駅
大塚駅
サンシャイン60
向原駅
都電荒川線
春日通り
東池袋駅
東池袋4丁目駅
新大塚駅
東京メトロ丸ノ内線
豊島区役所
西武池袋線
JR山手線
豊島ふくろう・みみずく資料館
都電雑司ヶ谷駅
雑司ヶ谷鬼子母神
83
(P.146)
47
護国寺
(P.95)
目白駅
不忍通り
雑司が谷駅
鬼子母神前駅
お茶の水女子大
護国寺駅
学習院大学
明治通り
目白通り
首都高速5号線
東京メトロ有楽町線
学習院下駅
高田姿見のはし
俤の橋砂利場
肥後細川庭園
38
(P.87)
永青文庫
高田馬場駅
面影橋駅
早稲田駅
神田川
関口大洗堰
(P.56)
東京メトロ東西線
早稲田大学
江戸川橋
早稲田通り
西早稲田駅
穴八幡宮
(P.90)
早稲田駅
戸山公園
41
(P.90)
神楽坂
箱根山
(P.90)
東京メトロ副都心線
都営大江戸線
牛込柳町駅
若松河田駅
東新宿駅
N
0
200
400
600
800
1000 m

か 王子・巣鴨

飛鳥山北の眺望

江戸の郊外だからこその、のびのびとした雰囲気が魅力。王子には当時を彷彿とさせる自然や落語にも登場する不思議な伝説も残っている。

このエリアは花や紅葉の名所だけど、じっくり見学するならハイシーズンを外して出かけるのがｇｏｏｄ！

ほーりー

閑静な住宅街の中に不意に現われる37六義園は五代将軍・徳川綱吉の側用人・柳沢吉保が造った大名庭園。平坦な土地に築山をしたり、池を掘ったり……7年試行錯誤して造り上げました。

中には丁寧な解説板がありますが、土日祝日限定のボランティアガイドツアーに参加するのもオススメですよ。解説を聞きながら1時間かけてじっくり御庭の見どころを堪能できます。

王子を初めて観光地化したのは、八代将軍・吉宗です。11飛鳥山に１２７０本もの桜を植え、自らも無礼講の花見の宴会を開くことで、桜の名所として定着しました。やがて近くに85名主の滝や、紅葉の名所など、四季折々の自然が楽しめてリフレッシュできる名所がぞくぞくとでき、大人気スポットになったんです。日本橋からは2里（約8キロ）と江戸の中心地から大分離れた立地なのが、人びとの心を明るく開放的にさせたのかもしれませんね。

王子には、大晦日に各地から狐が集まって、86王子稲荷に詣でるという不思議な伝説もありますが、こうした言い伝えも人の少ない自然豊かな郊外だからこそ信じられてきたのでしょう。

ちなみに落語『王子の狐』で狐が玉子焼きを買い求める扇屋は、現在も販売しています。甘くておいしいですよ！

名主の滝 85 (P.148)
王子稲荷 86 (P.149)
王子権現 (P.53)
北区役所
音無親水公園
石神井川
明治通り
王子駅
飛鳥山北の眺望
栄町駅
梶原駅
荒川車庫前駅
首都高速中央環状線
隅田川
飛鳥山駅
紙の博物館
北区飛鳥山博物館 (P.53)
渋沢史料館
飛鳥山 11 (P.52)
本郷通り
西ケ原駅
上中里駅
JR東北本線
尾久駅
JR東北新幹線
JR京浜東北線
滝野川一丁目駅
西ケ原四丁目駅
都電荒川線
西巣鴨駅
旧古河庭園
巣鴨庚申塚
新庚申塚駅
庚申塚駅
白山通り
高岩寺 (とげぬき地蔵)
巣鴨新田駅
JR山手線
駒込駅
真性寺
巣鴨駅
大塚駅
東京メトロ南北線
六義園 37 (P.86)
東洋文庫ミュージアム
73 駒込富士神社
都営三田線
千石駅
吉祥寺
N
0 200 400 600 800 1000 m

「新江戸百景」と江戸の魅力——はしがきにかえて

「ペリー来航」の3年後、そして「安政の江戸大地震」の翌年にあたる安政3年（1856）、江戸の浮世絵師・歌川広重は『名所江戸百景』の板行を開始、没年となる安政5年まで続けた（「百景」というものの、実際の作品数は119枚である）。広重は、幕末グローバル化を前に、そして災害復興に取り組む江戸市中において、「百景」を通じて、江戸の魅力をあらためて江戸市民に伝えようとしたのである。「百景」は江戸で大ヒットし、多くの旅行者などを通じて全国各地に広まった。さらには、海外でも、ゴッホをはじめ多くの画家たちに大きな影響を与えたのである。

さて、長年にわたり江戸の文化と歴史の魅力を発信してきた江戸文化歴史検定協会は、「平成」から「令和」へと元号が変わる節目にあたり、広重に倣って、「新江戸百景」を選定することにした。

2020年の東京オリンピック・パラリンピックという新たなグローバル化を前に、また阪神淡路大震災や東日本大震災などの大災害からの復興のなかで、現代の東京にある、江戸の雰囲気を残す場所、江戸を実感できる場所を選び出し、その魅力を広く紹介しようと考えたのである。

この選定作業を通じて、私たちは、今日の「東京」が「江戸」の歴史の上に成り立っていることを、再認識させられた。たとえば、「徳川日本」の象徴であった江戸城は、「近代日本」の象徴である皇居となり、江戸城の首都機能は霞ケ関の官庁街や東京都庁などに引き継がれた。また、江戸城周辺に展開した大名や旗本屋敷の多くは、公共施設やオフィス街へと変貌した。官僚化・サラリーマン化した武士の日常生活を支えた商人・職人などの町人地は、東京の金融・商業エリアやビジネス街へと展開している。さらに、地名・地形・道・河川・寺社などのハード面、衣食住・言語・生活習慣・祭礼・人生儀礼などのソフト面の共通性・連続性も、さまざまに確認される。「江戸」は広く、そして深く「東京」に根づいており、「東京」そのものが「江戸のレガシー（遺産）」だと言うこともできるのである。

　本書の「新江戸百景」には、これら今日に続く「江戸」の魅力が凝縮されている。本書を手に「江戸スポット」を訪ねてほしい。その際、二五〇年以上続いた「江戸の平和」、社会の文明化を促進した「江戸の教育」、物を大切にした「江戸の環境」、人々の助け合いである「江戸の共生」といったことにも思いを馳せてほしい。

　さまざまな事情で、簡単に外出できない人もいると思うが、本書を眺めるだけでも、「江戸」を楽しむことができるだろう。より深く学びたい人には、コラムとして紹介した資料館・博物館などに、足を伸ばすこともおすすめしたい。

『新江戸百景』が、私たち一人一人にとって、江戸の平和・教育・環境・共生の実態と意義を今日の世界に、そして未来に発信するきっかけとなれば幸いである。

令和元年五月

大石　学

もくじ

photo : shigemi okano/shutterstock.com

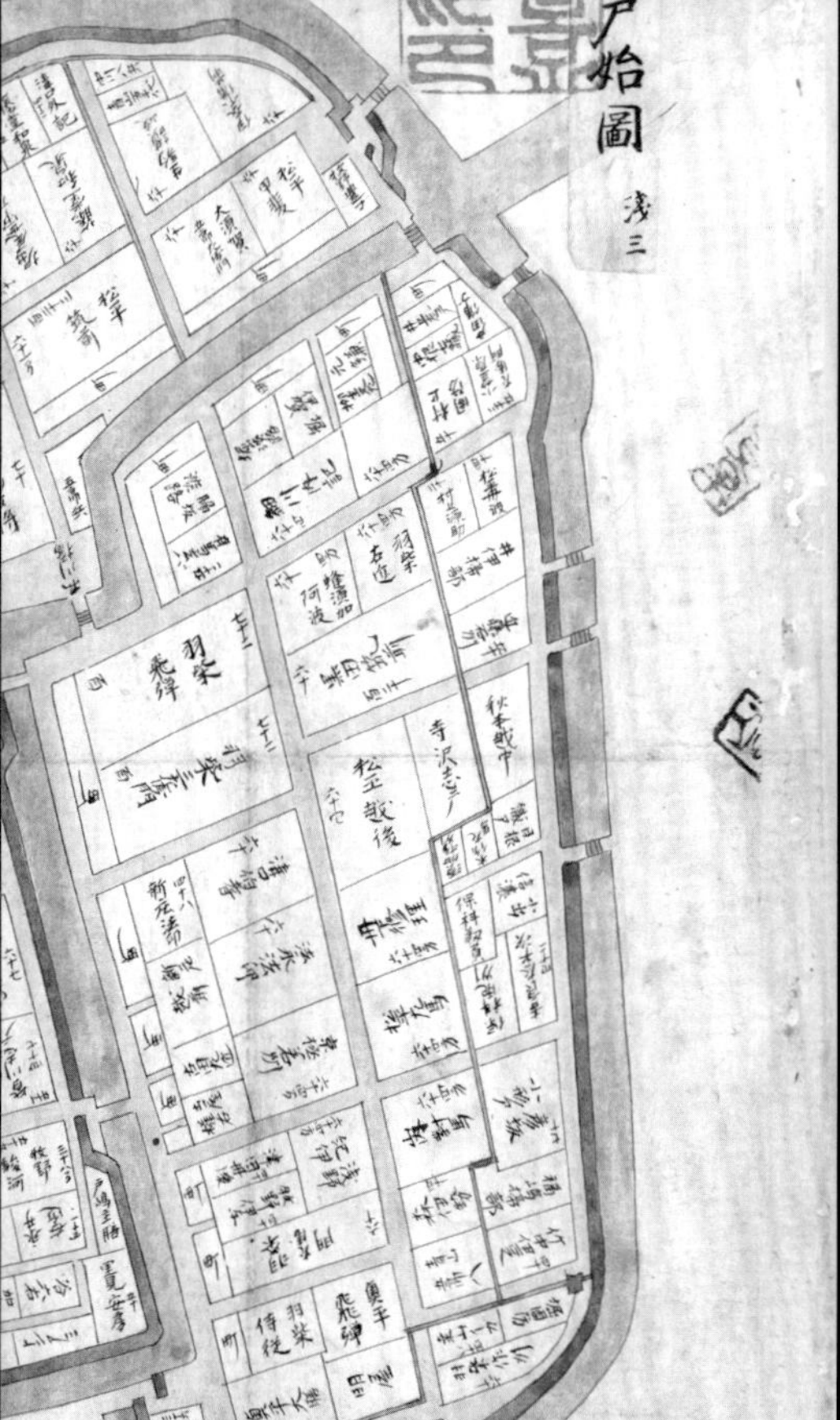

第1章 江戸の原景

〈第1景〜第15景〉

「新江戸百景」の最初に、江戸城をはじめ、その後の江戸の発展の基盤となったスポットを紹介します。

天正18年（1590）に徳川家康が江戸に入ったとき、江戸は南の品川の港や北東の浅草寺の門前などに人家が集まり、江戸城の前に入り込んでいた日比谷入江の周辺にも集落がありました。江戸は寒村ではなかったのですが、政治経済の中心にするには、江戸城の周囲は湿地帯が多く、スペースが不足していました。太田道灌が築き小田原北条氏が東関東進出の拠点とした江戸城は、のちの本丸と二の丸の場所にあったようですが、軍事的な性格が強く、徳川氏の本拠としては不充分なものでした。

そこで家康は、神田山を崩して、周囲の湿地帯と日比谷入江を埋め立て、城内の建物と城下町を整備します。そして、水源の確保と水運のために堀や運河を開きます。

　このとき、画期的だったのは、江戸城を中心とした同心円状ではなく、「の」の字型（時計回りの渦巻き状）に都市計画をしたことです。これにより、時とともに発展していくことができるようになったわけです。

　こうした江戸の都市計画は、自然の地形に合わせた合理的なものでもありました。この章では、そうした江戸の地形の特徴がわかる場所も取り上げました。

「江戸始図」『極秘諸国城図』（74 枚）のうちの1枚。慶長8～12年（1603～07）にかけて家康が築いた江戸城の平面図。石垣や堀などが詳細に描かれていて、大天守と小天守などが口の字状につなぐ「連立式」の天守を中心にした防御力の強さが見てとれる。幕府を開いた当初、家康は諸大名への警戒を怠らなかったことがわかる。

江戸城

えどじょう

天下普請で建てられた幕府の中枢

[地図] p5-B-2

徳川家康が入城した直後の江戸城は、隅田川に沿った低地や日比谷入江の近くまで迫る武蔵野台地の先端（麹町台地）に位置していた。家康は城下町づくりに着手する前に長期的な視野から都市計画をじっくり練り上げ、堀の掘削や道路の普請に精力を傾ける。

天守台　家光の代に３度目の天守建造が行なわれた。その19年後の明暦の大火で再度焼け落ち、天守台が再建された時点で工事は中断された。江戸城天守跡として本丸の北端に残る。

関ヶ原の戦いの3年後、家康は征夷大将軍となり、江戸は日本の首都となった。だが、築城を急ぐことは避け、城下町の土台づくりを優先する策をとった。日比谷入江を埋めるとともに、道三堀などの水路を整備し、城と城下町の建設の基盤としたのである。そして、幕府が諸大名に工事を命じて請け負わせる「天下普請」という方法で江戸城の築城を実施した。

織田信長が築造した安土城以来、天守は高さを競ってきたが、江戸城天守の高さは大坂城や姫路城をはるかに上まわっていた。

家康の死後、二代将軍・秀忠が改めて天守を建造。秀忠が三代・家光に将軍職を譲って西の丸に隠居すると、家光はさらに天守を築き直し、城下町全体を堀や石垣で取り囲む総構えを整備して、江戸城を完成させた。

なお､江戸城の天守建造は家康（慶長）・秀忠（元和）・家光（寛永）の時代に3度行なわれ、威容を天下に示した。なかでも、17世紀前半に描かれた『江戸図屏風』にある5層の寛永天守は史上最大の天守だった。

現在の皇居東御苑が江戸城の本丸・二の丸・三の丸に相当する。この皇居東御苑を囲む堀が外側に延長され、桜田門・半蔵門・千鳥ヶ淵を通って北の丸を囲む内堀を形成する。さらにその外側には、大手門を背にして譜代大名、桜田門を背にして旗本・御家人の屋敷が配置され、その外部が町人地と決められた。

『江戸御城御殿守正面之絵図』(えどおしろごてんしゅしょうめんのえず) 明暦の大火で焼失した天守を、正徳2年(1712)に復元しようとしたときの計画図。基本的設計は、寛永の天守を踏襲している。6代・家宣(いえのぶ)の死去により、計画は頓挫した。

二の丸庭園 家光の時代、大名茶人にして作庭家でもあった小堀遠州が手がけた池泉回遊式庭園を復元。すみずみまで手入れが行き届き、四季折々のさまざまな植物が鑑賞できる。

百人番所 大手門から本丸に向かう通路の三の門で検問を行なった江戸城最大の番所。同心が100人配置されていたことからこの名で呼ばれた。江戸時代の建物が現存している。

富士見櫓 わずか50年しか存続しなかった天守の代役を務めた3層の櫓。ここから将軍が両国の花火を見たという。関東大震災で損傷して補修されたが、老朽化が進んで立ち入りはできない。

現在、日本武道館や東京国立近代美術館のある北の丸は一般に公開され、天守跡や天守が焼けたあと代用された富士見櫓(やぐら)が残る皇居東御苑は、時間を限定して公開されている。

江戸時代に幕府の中枢だった江戸城を知るには、まずは大手門をくぐり抜けて東御苑を訪れてみるにかぎる。堅固な石垣と現存する江戸時代の建物をながめ、その後、桜田門・田安門・清水門などを見てまわれば、江戸発展の原点となった江戸城の輪郭が見えてくるだろう。

内堀

うちぼり

天下一の江戸城の守りの要

[地図] p5-B-2

江戸城のお堀端といえば内堀の周辺を指し、皇居一周のランナーも内堀の外縁を反時計回りに走る（ただし、北の丸は南側を走る）。彼らを見習って大手門から大手濠を歩くと、最初に平川門に出合う。地下鉄・竹橋駅に近いこの門は三の丸の正門であり、田安・清水・一橋の御三卿や大奥の通用門として利用された。

平川門は、本丸の鬼門の方角にあたる。城内の遺体・病人・罪人やおわい（糞尿）が出される場所であり、「不浄門」と呼ばれた。松之大廊下で吉良上野介に斬りつけた浅野内匠頭や、江島生島事件で信州高遠にお預けされることになった大奥年寄の江島も、ここから出されている。

竹橋で堀を渡って北の丸の内郭部に入ると、東京国立近代美術館の前に出る。北の丸は一般的に、正妻である御台所の住居だが、江戸城北の丸は豊臣秀頼の正室だった二代将軍・徳川秀忠の娘・千姫や、三代将軍・家光の乳母をつとめた春日局が晩年を過ごした。江戸中期以降は御三卿の田安家・清水家などの屋敷が置かれている。

北の丸と南の本丸の間にあるのが平川濠で、二の丸庭園に通じる道筋には見事な高石垣が残っている。平川濠を左手に見ながら西のほうに進むと乾濠、さらに乾門の前から麹町警察署千鳥ヶ淵派出所前に出る。ここから北が桜の名所として知られる千鳥ヶ淵である。

平川門　通用門の性格が色濃い城門。内堀の北を流れる平川は、太田道灌時代に江戸城の湊があった城下の中心地で、平川下流は日本橋川となり、現在はその上を首都高速が通る。

北桔橋門　北の丸と本丸天守台跡をつなぐ平河堀西端の城門。はね橋の呼び名は、いざというときに跳ね上げる橋が以前に存在したことによる。軍事的に重要な門だったのである。

整備された散歩道を歩いて千鳥ヶ淵の交差点を左折すると、左手に半蔵濠、その先に半蔵門が見える。さらに南に桜田濠と桜田門がつづく。桜田門を通り抜けると二重橋濠と坂下門。富士見櫓（やぐら）を眺めながら桔梗（ききょう）濠に沿って北へ向かえば、江戸城をぐるりと一周して出発点の大手門に到着する。

桜田濠　台地を切り開いてつくられた堀のため、石垣とは趣の違う里山風の景色が味わえる。国立劇場に近いお堀端にあまり目立たない「史跡・江戸城跡」の石碑が建てられている。

かつて西の丸下と呼ばれた二重橋東側の広々とした空間が現在の皇居前広場にあたる。その外をめぐっているのが日比谷濠で、日比谷濠から東側の一帯が、埋め立てられるまでは海だった日比谷入江ということになる。

内堀をめぐる皇居一周はおよそ5キロの道のりで、信号待ちを一度もしないですむ。歩いてみると、千鳥ヶ淵から桜田門までは意外な高低差があることに気づかされるはずだ。この地形は、太田道灌（おおたどうかん）が江戸城をつくった武蔵野台地の先端にあたる麹町台地の名残りである。内堀際から国会議事堂の方角を眺めると、その起伏が確認できるだろう。

大手濠緑地に立つ和気清麻呂（わけのきよまろ）像　江戸城の正門にあたる大手門と平川門の間の内堀が大手濠である。その外側に「大手濠緑地」がつくられている。

江戸がわかる博物館・美術館

江戸城外堀跡地下展示室

天下普請の威容が間近に体感できる

虎の門の文部科学省の構内には外堀の石垣が残されており、構内ラウンジ前と地下鉄・虎ノ門駅の新庁舎連絡通路内では、当時のままの石積みを身近に見ることができる。本物を見ながら江戸時代の石垣の技法が学べる趣向が凝らされている。

[地図] p5-D-4

江戸城外堀の石垣　寛永13年（1636）、江戸城の総仕上げとして築かれた外堀の石積みは高度な技術力を今に伝えている。

第3景

千鳥ヶ淵

ちどりがふち

草創期の江戸城の水源

[地図] p5-A-1

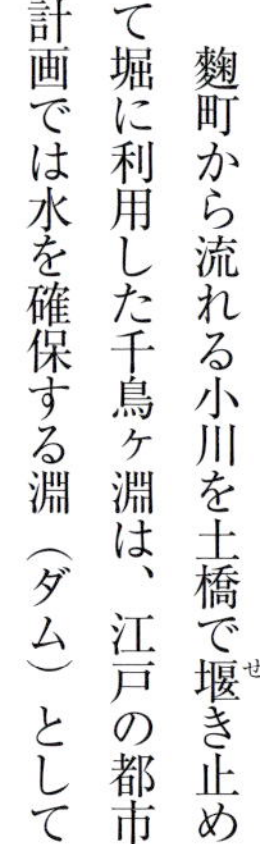

麹町から流れる小川を土橋で堰き止めて堀に利用した千鳥ヶ淵は、江戸の都市計画では水を確保する淵（ダム）として構想された。埋め立て地では、すぐに井戸水が使えなかったからだ。ここが桜の名所であるとともに、ボート遊びが楽しめるほど広々としているのはそういう理由による。名前の由来は千鳥が羽根を広げた形をしているからだといわれる。

千鳥ヶ淵の水は、江戸城の本丸と西の丸の間を流れて日比谷入江に注いでいた。坂下門のある蛤濠は牛ヶ淵とも呼ばれるが、こちらもダムで、田安門のあたりで水量を調節して牛ヶ淵まで引いていた。こうして給水が可能になったことにより、日比谷入江を埋め立てた新開の土地に人が住めるようになった。

千鳥ヶ淵の北に九段坂と呼ばれる長い坂がある。堀に沿って御用屋敷が九段に並んでいたのが由来といわれるが、定かではない。江戸城の近辺では急な坂であり、九段坂上からは江戸湾や房総半島の山々を見渡すことができたという。

春の千鳥ヶ淵　桜の開花ぐあいを知らせる標本木のある靖国神社に近く、満開時は、堀端の土手を覆いつくす桜を見ようと花見客が押し寄せる。堀の西側にも桜の遊歩道「千鳥ヶ淵緑道」がある。

葛飾北斎『くだんうしがふち』　北斎が千鳥ヶ淵に隣接する牛ヶ淵と九段坂の景色を描いた作品。西洋画の透視図法を取り入れ、写実的でありながら、高低と遠近を強調した大胆な構図に驚かされる。

外堀

そとぼり

城の防御と水運を兼ねてつくられた

［地図］p27-B-3

JR四谷駅と市ヶ谷駅間の車窓から現存する外堀を間近に見ることができる。飯田橋から東が神田川の流れに変わるのは、堀を防御だけでなく水運に利用するためでもあった。四谷から南の方角へは赤坂見附・虎ノ門（外堀通り）を経て、海辺の浜御殿（現在の浜離宮）まで堀がつながっていた。

寛永13年（1636）に築かれた江戸城の外堀も、幕府が大名に命じた天下普請で行なわれた。虎の門三井ビルには外堀の石垣とともに、江戸城外堀で唯一の櫓台跡が残っている。

虎ノ門の由来は「江戸城外堀跡地下展示室」に説明がある。今の虎ノ門交差点付近に虎御門があり、この虎は四神の白虎で、江戸の西方の守り神を体現していて、その場所に櫓台がつくられたという。

外堀通りの赤坂見附と虎ノ門の間に溜池の地名が残されている。内堀の千鳥ヶ淵と同じく、防御用の江戸城の外堀を兼ねる上水源に利用する目的で整備されたもの。二代将軍・秀忠の時代には、ハスを植えて鯉や鮒を放流し、上野不忍池のような名勝地だった。

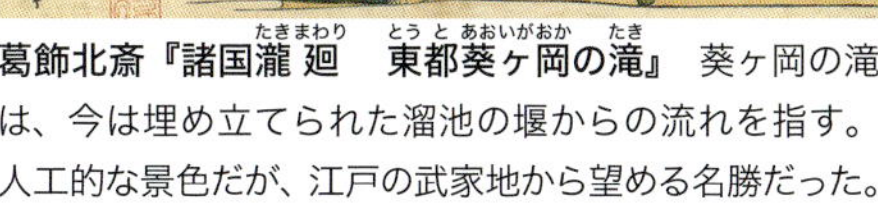

葛飾北斎『諸国瀧廻　東都葵ヶ岡の滝』 葵ヶ岡の滝は、今は埋め立てられた溜池の堰からの流れを指す。人工的な景色だが、江戸の武家地から望める名勝だった。

弁慶堀　かつての外堀の一部。この赤坂見附付近の南と北の外堀は埋め立てられたが、弁慶堀は江戸時代の面影を残している。呼び名は明治になってからのもの。

第5景 牛込見附

うしごめみつけ

石垣が最もよく残る江戸城の見附

[地図] p9-A-2

牛込門　外堀（JR中央線）をまたぐ牛込橋の南詰の両側に石垣が残る。桜の名所で知られた市谷門が「桜の御門」と呼ばれたように、楓（紅葉）の名所で知られた牛込門は「楓の御門」や「紅葉門」と呼ばれた。

　見附とは、江戸城の城門に置かれた見張りのための番所をいい、地名としても四谷見附や赤坂見附が今に残る。牛込見附も四谷・赤坂と同じく外堀に面した見附のひとつで、「楓の御門」とも呼ばれた。桝形の石垣に、直角をなす櫓門・高麗門のふたつの門を組合わせ、虎口を二重構造にした桝形門である。

石垣に刻まれた文字　「松平阿波守」と刻まれた石は、牛込橋の南詰の東側（上の写真の向かい側）の石垣の前に置かれている。

　石垣から「松平阿波守」と刻まれた石が見つかり、寛永13年（1636）に阿波徳島藩の蜂須賀忠英の普請でつくられたことが判明している。今残っているのは道の両脇にある石垣の部分だけで廃墟めいているが、桝形門の構造を理解する見本になる。

　牛込見附のある牛込門は、虎ノ門の北に位置する。虎ノ門（虎御門）が南の東海道方面への関門とされたように、牛込門は上州道へ通じる北の関門で、北の守りと位置づけられたともいわれる。

　四谷門・市谷門・牛込門の周辺は、外堀の内側も外側も旗本・御家人の屋敷地が並んだ。市谷門は「桜の御門」という別名をもち、今もこのあたりの外堀の土手は桜の名所である。

神田川（かんだがわ）

柳橋で隅田川に注ぐ江戸を支えた河川

[地図] p8-A-4

現在の神田川は井の頭池（三鷹市・武蔵野市）を水源とし、柳橋付近で隅田川に注ぐ中規模の河川である。この川は江戸時代の普請によって、流路に変更が加えられてきた。

地下鉄・江戸川橋駅の「江戸川」も、神田川の中流を指す名称である。井の頭池から江戸川橋の西にある関口の取水口まで、神田川の上流にあたる部分が神田上水と呼ばれた。関口から下流では神田川と神田上水は別物だが、上流では神田上水と神田川は同じといえる。

飯田橋付近から下流の神田川は、平川として日比谷入江に注いでいた。日比谷入江が埋め立てられるとともに、平川は道三堀（どうさんぼり）に接続されて隅田川に注ぐ日本橋川に変わる。そして、本郷台地の神田山を開削して神田川の本流を通したのである。これは洪水対策と防御のための外堀の整備、両方の目的を兼ねていた。

こうして神田山は北の湯島台と南の駿河台に真っぷたつに分断され、今の御茶ノ水駅周辺の切り通された外堀が、神田山の名にちなんで神田川と呼ばれるようになった。

以後、隅田川に接続された人工的な運河でもあった神田川は、江戸の水道と水運を担って江戸を支える水路として重要な位置を占めていく。

『名所江戸百景　昌平橋聖堂神田川』 神田川に架かる昌平橋から北西の方角を眺めた図である。「茗渓」と称された切り通しの谷が強調されている。強い雨が降っているらしく、道行く人はみな笠や雨具を身につけ、荷船も筵（むしろ）で覆われている。

佃島

つくだじま

家康が摂津佃村の漁民を呼び寄せて築く

[地図] p7-D-3

佃島の名は摂津国（せっつのくに）の神崎川のほとりにあった佃村（現・大阪市西淀川区）に由来する。伝えられるところでは、「本能寺の変」が起こった際、徳川家康は少数の供を連れて堺に滞在しており、堺から脱出して岡崎へ逃げ帰ろうとしたが、神崎川で立ち往生してしまった。この危機に直面したとき、佃村の漁民が出してくれた船によって、からくも命拾いをする。

ここから家康と佃村の漁民のあいだに特別な関係が生まれ、のちに家康は佃村の漁民に漁業の特権を与えた。

さらに、家康は江戸に移ると、佃村の漁民を呼び寄せ、隅田川河口にある鉄砲洲沖の干潟の土地を与えた。漁民たちは干潟の周囲を石垣で固めた島を築いて、故郷の村にちなんで佃島と名づけた。

『江戸名所図会』「佃島白魚網」 佃島の周りに、四角い四手網を操ってシラウオを獲る漁船が見える。江戸時代初頭に導入された先進的な網は今でも使われている。

住吉神社 主祭神は全国の住吉神社と同じく住吉三神（底筒男（そこつつのお）・中筒男（なかつつのお）・表筒男（うわつつのお））だが、「東照御親命（あずまてるみおやのみこと）」という神名で徳川家康も祀られているのが特徴である。

神幸祭（しんこうさい） 佃島の住吉神社は、摂津国の漁民の伝統を継承した。３年に１度の例大祭では大阪の天神祭を思わせる船渡御の神事が復活。祭に用いられる神輿は大型の八角形という珍しいものだ。

葛飾北斎『冨嶽三十六景 武陽佃島』 島の右側が佃島の漁師町。左側の木が多いところが石川島。手前に荷船や漁師の船、釣り船などが描かれている。

江戸に移り住むにあたり、佃島の漁民にはシラウオ（シラス）漁の権利が与えられ、将軍に献上した残りを自由に売りさばくことも許された。

その後佃島は、北隣の石川島と一体になっていく。さらに南側に築かれた月島とも地続きになって、今日に至る。

佃島の母体となった摂津国の佃村は、水運が盛んで自治的な気風を有する先進的な土地だったようだ。一族を引き連れてきた佃村の名主・森孫右衛門（まごえもん）の子が特権を活かして幕府御用の魚問屋を開き、これが日本橋の魚市場になったといわれる。佃島には摂津国から海神を祀る住吉神社が勧請（かんじょう）された。

佃島の漁民については、家康が直々に江戸まで呼び寄せたことから、家康との古くからの特別な関係は、漁業に関する話にとどまらず、情報収集など海上の隠密活動に関わっていたのではないかとも推測されている。

江戸がわかる博物館・美術館

佃まちかど展示館

江戸開府以来の中央区の歴史と伝統

佃島渡船の石碑の横、「佃島の原点」に設置された展示館。古地図や千貫神輿（せんがんみこし）と呼ばれる大型の神輿、文政期の作と伝えられる龍虎・黒駒の獅子頭などを収蔵している。

[地図] p7-D-3

東都最大の神輿と伝説の獅子頭　威風堂々たる千貫神輿は、3年に一度の住吉神社の例大祭で担がれる。

愛宕山からの眺め　元治元年（1864）頃にイタリア出身の写真家フェリックス・ベアトが撮影。５枚の写真をつないだ江戸市中のパノラマで、台場や築地本願寺が遠くに見える。

第8景

愛宕山

あたごやま

江戸の南半分を見下ろせる山

［地図］p23-A-2

愛宕山は、ちょっと大げさにいうと、東京23区内の最高峰である。むろん、自然の地形にかぎった話だが。愛宕神社の境内には三角点があり、ここに25・7メートルの標高が記されている。

江戸時代には、見晴しのよい展望台として多くの人が訪れていた。地形的には江戸城が築かれた場所と同じく、武蔵野台地の末端に位置づけられる。

今も春は桜、秋は紅葉の名所で、おまけに愛宕山にはトンネルとエレベーターまで存在するのだが、周囲に高層ビル群が林立してきたせいで、それらのあいだに完全に埋没してしまった。

山の名は神社にちなみ、愛宕神社の社伝によると、慶長8年（１６０３）に徳川家康が防火の神を祀ったのに始まるという。主祭神は火の神・火産霊命（ほむすびのみこと）で、カグツチという別名がある。

全国の愛宕神社の総本社を名乗る京都愛宕山の愛宕神社は、「本能寺の変」の前に明智光秀が戦勝祈願に訪れ、連歌の会を催したことで知られる。江戸の愛宕山は、９２４メートルある京都の愛宕山よりはるかに低いものの、幕末にベアトがこの山頂から江戸市中の風景を撮影した場所として有名で、他にも「出世の石段」の故事が広く知られる。

これは、徳川家光が広く武士たちに呼びかけた言葉に応じて、馬術の名手だった高松藩士の曲垣平九郎（まがきへいくろう）が、馬に乗ったまま急な石段を往復し、山上の梅を折って献じた話である。おかげで平九郎は名を上げて名刀を授かり、出世を遂げたと

『名所江戸百景　芝愛宕山』　正月３日に、強飯式（ごうはんしき）という、山盛りのご飯を無理に食べさせる予祝儀礼的な行事が行なわれた。そこに登場する毘沙門天の使いが大きく描かれている。

いわれる。今も「男坂」の急峻な石段は「出世の石段」と呼ばれている。

また、安政7年（1860）3月の桜田門外の変の際には、水戸浪士たちの襲撃前の集合場所になった。

愛宕山は、NHKの東京放送局が大正14年（1925）に中波放送を開始したラジオ発祥の地でもあり、現在はNHK放送博物館が建てられている。放送局の場所に愛宕山が選ばれた理由が「高い標高」にあったことはいうまでもない。

この年、愛馬に乗って「出世の石段」に挑戦し、3人目の成功者となった陸軍参謀本部の岩木利夫（いわきとしお）の様子が、ラジオで中継された。これが日本の「生中継」の始まりといわれている。

出世の石段　馬術の名人・曲垣平九郎が名をとどろかせた逸話から「出世の石段」と呼ばれる「男坂」の石段。この話は「寛永三馬術」の講談や浪曲で世に広まった。

御殿山

ごてんやま

品川の盛り場にも近い桜と紅葉の名所

[地図] p25-A-2

武蔵国の地誌を編纂した『新編武蔵国風土記稿』によると、御殿山は太田道灌が江戸城へ移るまで居城にしていた城跡の地である。高台を形づくる武蔵野台地の先端に位置する点では、江戸城と同じ条件を備えていた。ただし、地名の由来は徳川家康が鷹狩りの際に使用した休憩用の御殿があったことだともいう。

御殿山は桜の名所として人気が高く、桜が増えたのは、隅田川堤や飛鳥山とならんで八代将軍・徳川吉宗（よしむね）が植樹に力を入れたからだというのが定説である。また、海の見える丘の上に桜が咲く立地にも強みがあった。

ところが、御殿山の丘は幕末に台場を造るにあたって、海中を埋め立てる土砂を採取するために、大規模に切り崩されてしまった。一方で、開国後に英国公使館を建設する計画が立てられ、人びとが楽しんできた桜の木を切り倒す出来事も重なった。

英国公使館の建設工事は、高杉晋作（たかすぎしんさく）が率いた攘夷を唱える長州藩士の焼き討ち事件で中止に追い込まれる。風光明媚（ふうこうめいび）な御殿山が幕末の動乱に翻弄される結果になったのは、江戸の入り口の海岸に近いという立地が禍（わざわ）いしたことになる。

葛飾北斎『冨嶽三十六景 東海道品川御殿山ノ不二』
こよなく富士山を愛した北斎が、富士と桜に品川沖の風景を重ねた名作。酒を飲んで舞い踊り、心から宴会を楽しんでいる人びとの様子が描かれている。

行人坂

ぎょうにんざか

富士がよく見えた起伏に富む坂道

[地図] p3-C-2

江戸を代表する急勾配の坂で、富士見の名所として知られ、富士見茶屋が多くの客を集めた。広重の『東都坂尽』の一枚に取りあげられるなど、錦絵にもよく描かれている。

坂の名は仏道を修行する行人・行者に由来する。出羽国湯殿山で修行を積んだ大海法印という行者が天台宗の寺院・大円寺を創建し、行人がこの坂を往き来したことから名づけられたという。坂道は目黒不動（瀧泉寺）の参拝路でもあった。

明和9年（1772）の大火は、大円寺が火元となったため、「行人坂の大火」とも呼ばれ、それからというもの、地名が一気に有名になった。大円寺は行人坂を少し下った左手にあり、坂を下りきった目黒川に架かる太鼓橋も名が通っていた。

明和の大火では、大円寺から出た火が強風に煽られ、目黒から神田・浅草までを焼き尽くした。一万人を超える犠牲者が出たこともあって、幕府は大円寺の再建を70年以上も許さなかったと伝える。

歌川広重『東都坂尽　目黒行人阪之図』 城南の台地から目黒川の河谷へ下る急坂の向こうに富士が見える。右手前が富士見茶屋。

富士見茶屋 かつて富士見茶屋のあったところに「富士見茶屋と夕日の岡」と題した案内板がある。行人坂は富士見の名所に加えて、夕日と紅葉の美しさでも有名だった。

第11景

飛鳥山

あすかやま

吉宗が庶民のためにつくった桜の名所

[地図] p31-B-2

歌川広重『江戸名所　飛鳥山花見乃図』　遠景に富士を描く。左に見えるのが、吉宗の事績を称えた碑。川柳に「飛鳥山何と読んだか拝むなり」とあるように、難読で評判のものだった。

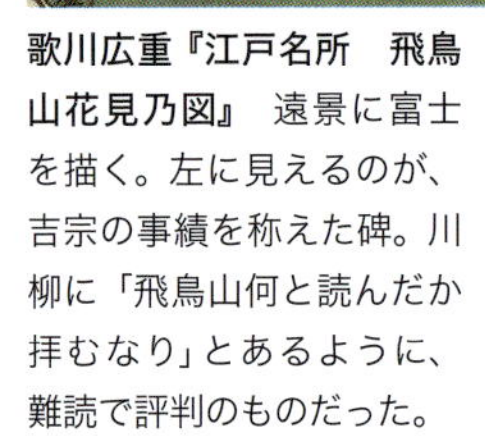

飛鳥山公園現況　都電でただひとつ残る荒川線には飛鳥山停留所がある。飛鳥山公園からは都電とＪＲの在来線・新幹線を同時に見ることができるので、ここを訪れる鉄道ファンも多い。

飛鳥山は「享保の改革」で知られる八代将軍・徳川吉宗が江戸の庶民のための公園として整備した花見の名所である。飛鳥山には将軍の鷹狩場があり、吉宗はしばしば飛鳥山を訪れていたといわれる。吉宗は江戸城内の吹上御庭で育てた桜の苗木を飛鳥山に移植。ここには今、ソメイヨシノやサトザクラなどが650本ほど植えられている。

飛鳥山の標高は25・4メートルと、愛宕山の25・7メートルにはわずかに及ばぬものの、東京23区内の自然の山では二番目の高さを誇っている。まさにドングリの背くらべというほかないが、一・二位を争う「高い場所」であり、『江戸名所図会』には「春花秋草夏涼冬雪眺あるの勝地なり」と記されている。富士山と筑波山の両方が展望できて、一年中楽しめる行楽地だった。

地形から見ると、飛鳥山は太田道灌が築城した江戸城と同じく、古名を忍ヶ岡（しのぶがおか）という上野山に連なる武蔵野台地の東端に位置する。先土器・縄文・弥生・古墳時代の集落跡や遺物が出土し、洪水の心配をすることなく暮らせた様子がうかがえる。

台地の端だから山とは呼びにくいが、崖の東の低地より15メートル以上は高く、道灌山・忍ケ岡・愛宕山・紅葉山（江戸城西の丸）と並んで、江戸時代から人気のある山とされてきた。

吉宗が公園として整備した記念の碑が残る。そこには平安時代に武蔵国南部に進出して領主となった豊島氏が王子権現を勧請した話などが記されるとともに、吉宗の事績が大いに讃えられている。

飛鳥山と王子権現の間を流れる音無川沿いの料理屋も人気で、なかでも扇屋は、幕末の外国人の定番の行楽地だった。

桜の名所ゆえ、飛鳥山の風景を描いた錦絵や木版画は数え切れないほどある。広重の『名所江戸百景　飛鳥山北の眺望』（→30ページ）は遠景に筑波山を描き、近景に描いた満開の桜と対比することで、高所から眺めた風景に奥行きを与えている。

歌川広重『江戸高名会亭尽（こうめいかいていづくし）　王子』 清流の流れる音無川沿いには料理屋が並び、海老屋と扇屋は文化文政の料理番付で上位に格付けされた。扇屋は今も「玉子焼き」を販売している。

江戸がわかる博物館・美術館

北区飛鳥山博物館

江戸からの桜の名所で歴史を探訪する

北区が運営している地域の郷土資料を展示する博物館。飛鳥山公園の中にある。常設展示「飛鳥山劇場」では、江戸時代の将軍の御膳所を再現。また「北区浮世絵ギャラリー」では、飛鳥山を描いたたくさんの絵画を鑑賞することができる。

[地図] p31-B-2

多彩な展示で楽しむ博物館 北区の郷土史を豊富な資料や映像でたどる。飛鳥山公園内には「紙の博物館」「渋沢史料館」を併設。

日暮里

にっぽり

谷根千につながる江戸の景勝地

[地図] p13-A-1

日暮里は、それまで新堀(にいほり)と呼ばれた地を「日暮らしの里」と読める表記に改めたというのが定説だ。

太田道灌の出城があったともいわれる道灌山の南に広がる台地の呼び名で、酒を酌み交わしながら虫の音を聴くような、風流が味わえる遊楽の里とされた。食べ物持参で訪れると、花鳥風月を愛でているうちにたちまち日が暮れるといった意味合いで名づけられている。

富士山と筑波山が両方見えることでは飛鳥山に少しも負けていない。しかも、谷中に接するとともに上野の山にも近く、明暦の大火以後は寺院が数多く移転して寺町の趣を備えるようになった。

諏方(すわ)大明神の鎮座する諏訪の台の近くに富士見坂があり、そこは花見の名所でもあったので花見坂とも呼ばれた。さらに月見寺と呼ばれた本行寺(ほんぎょうじ)や雪見寺と呼ばれた浄光寺(じょうこうじ)を加えると、風流を求める人びとが日暮里の地で新たな景勝地を発見しようと競い合った様子がうかがえる。ただし、新しいビルが建ったせいで富士見坂から富士山を拝むことは完全にできなくなった。

本行寺　平川の河口に建立され、神田・谷中を経て宝永６年(1709)、当地に移転した。俳人の小林一茶がよく訪れたと伝えられ、眺めのよい地にあることから月見寺の愛称で呼ばれた。

『江戸名所図会』「道灌山聴虫(どうかんやまむしきき)」　聴虫は江戸の遊楽のひとつ。虫かごをもった子どもが描かれていることから、茣蓙を敷いてくつろぐ男たちも、虫の音に聴き入っていることが想像できる。

第13景

小名木川

おなぎがわ

行徳から塩を運んだ江戸物流の要

[地図] p21-B-3

徳川家康が天正18年（1590）に開いた江戸初の運河（人工河川）である。舟運の難所となる江戸湊付近の浅瀬を避け、行徳の塩を城下まで運ぶ目的でつくられ、年貢米や野菜や醤油などの流通路として重要視された。旧中川と隅田川を東西に一直線に結び、南北方向の横十間川および大横川と交差している。

『名所江戸百景　小奈木川五本まつ』　枝が5本に分かれた1本の松の木を前景に、江戸と行徳を往復した「行徳舟」と呼ばれる舟が描かれている。

これらの運河の整備は明暦3年（1657）の大火を契機に、防火対策と本所・深川の開発を兼ねて行なわれた。利根川下流の付け替え工事など大規模な河川の整備が進められると川幅が広げられ、深川の「深川口人改之御番所」を中川に移し、東の中川が小名木川から江戸方面に向かう舟運の経路となった。

こうして、それまで郊外だった小名木川北岸の深川村や南岸の埋立て地が徐々に市中に組み込まれ、武家屋敷や寺院が本所・深川に移転してきたことも追い風となり、かつての湿地帯に町が発展していった。呼び名は川を開削した小名木四郎兵衛の名にちなむと伝えられる。

江戸がわかる博物館・美術館

中川船番所資料館

江戸からの水運の歴史を紹介

[地図] p2-B-4

江戸時代の中川船番所の再現をうたい、積み荷を載せた船や建築物やジオラマを展示する。「旧中川・川の駅」が川辺に隣接していて、水陸両用バスが上陸できるようにスロープが設置されている。

中川番所を再現　関東一円の川筋と江戸を結ぶ小名木川の東端に開設された中川番所。ジオラマでは当時の周辺の様子もわかる。

神田上水

かんだじょうすい

江戸で最初に引かれた上水

[地図] p9-A-3

徳川家康が江戸入りしたのち、飲料水を確保するために整備された神田上水と今の神田川は、井の頭池の源流から関口に設けられた大洗堰跡までの上・中流部分は同じひとつの河川である。給水量を増やすため、のちに善福寺川と妙正寺川の水も加えられた。

神田上水は取水口である関口大洗堰（現在の大滝橋）で水位を高め、神田川と分離した上水を専用の上水路に流して神田や日本橋などの江戸市中に給水を行なった。上水路には地下に埋納した樋を通して地中に掘られた井戸まで給水する最新の技術も駆使された。

大洗堰で取水された上水は、小日向台を通って現在の後楽園の場所にあった水戸藩上屋敷に流され、屋敷を出ると木製の懸樋（掛樋とも）で神田川の上を渡り、神田方面に運ばれた。

神田川を越えてからは神田橋を経由して道三堀の北側にある武家地・町人地に給水された。神田川に面した場所に「神田上水懸樋跡」の石碑が建つ。

歌川広重『東都三十六景　お茶の水』神田上水を渡した懸樋は景勝地となった。懸樋に隣接して架けられた橋がのちに水道橋と呼ばれる。

江戸がわかる博物館・美術館

東京都水道歴史館

江戸に始まる東京の水道の歴史を概観

[地図] p9-A-3

新宿の淀橋浄水場の跡にあった水道記念館を受け継ぎ、東京都水道局が運営している資料館。江戸時代に始まる水道の歴史・技術・設備を実物の資料や模型、映像などでわかりやすく展示している。ことに「江戸上水」の展示フロアでは長屋や井戸を再現。江戸庶民の暮らしと上水の役割がよくわかる。

江戸時代の木製水道管　丸の内・阿波徳島藩上屋敷跡より出土。当時の技術者たちによる創意工夫の跡が随所にうかがえる。

第15景

玉川上水

たまがわじょうすい

玉川兄弟が短期間で開削した上水

[地図] p27-A-1

多摩川の羽村取水堰から四谷大木戸まで、立川・小平・三鷹を経由して引かれた上水路。43キロの区間をわずか92メートルの標高差で流す高度な水利技術が用いられているにも関わらず、承応3年（1654。前年説もある）に短期間で完成した。

玉川上水は老中の川越藩主・松平信綱が総奉行を務め、庄右衛門・清右衛門の玉川兄弟が工事を請け負った。取水地は二転三転したものの、羽村に決定してからは8か月で掘削を終えたと伝えられる。兄弟は首尾よく上水を完成させた功績により玉川の名字を名乗ることを許され、上水を管理する役職を与えられた。

江戸市中に飲料水を供給したばかりでなく、三鷹の牟礼分水堰など約30か所で分水され、新田開発された農地の灌漑用水や水車の動力として武蔵野地域一帯で広く利用された。

戦後に淀橋浄水場が廃場となって玉川上水の送水は止められていたが、現在は環境を改善する目的で中流部の流れを復活させている。

『名所江戸百景　玉川堤の花』 玉川上水の小金井橋辺りは、堤にヤマザクラが植えられ、花見の名所となっていた。この絵は、そこではなく、内藤新宿近くに植えられた桜並木を描く。幕府の規制にあったためか、すぐに撤去されたという。

玉川上水・内藤新宿分水散歩道 江戸時代に流れていた玉川上水に沿って新宿御苑内に整備された散策路。西側の新宿門から東側の大木戸門までおよそ540mの道のり。

水道碑の記 四谷大木戸にあった水番屋の跡地に建つ。玉川上水は、ここから暗渠で江戸の町に給水した。水番屋では、塵芥を取り除く作業などが行われた。

第2章 江戸の町づくり

〔第16景〜第32景〕

ここで取り上げる「新江戸百景」は、幕府が江戸の町をつくりあげ、統治していくために設けた施設です。慶長8年（1603）、征夷大将軍となった徳川家康は、江戸を幕府の本拠と定めます。諸大名を動員した「天下普請」によって、江戸城を日本最大・最強の城にしていくとともに、江戸の町づくりを推し進めます。

第1章で見たように、水路が張りめぐらされ、「水の都」となった江戸では、橋の建設が重要でした。江戸の中心に日本橋が架けられたのは、家康が征夷大将軍となった慶長8年のことです。五街道の起点とされた日本橋は、魚河岸に代表される物資の陸揚げの場所としても重要でした。いっぽう、大川（隅田川）に架けられた橋は、江戸時代の初めには日光・奥州道中が通る千住大橋だけでしたが、明暦3年（1657）の明暦の大火の直

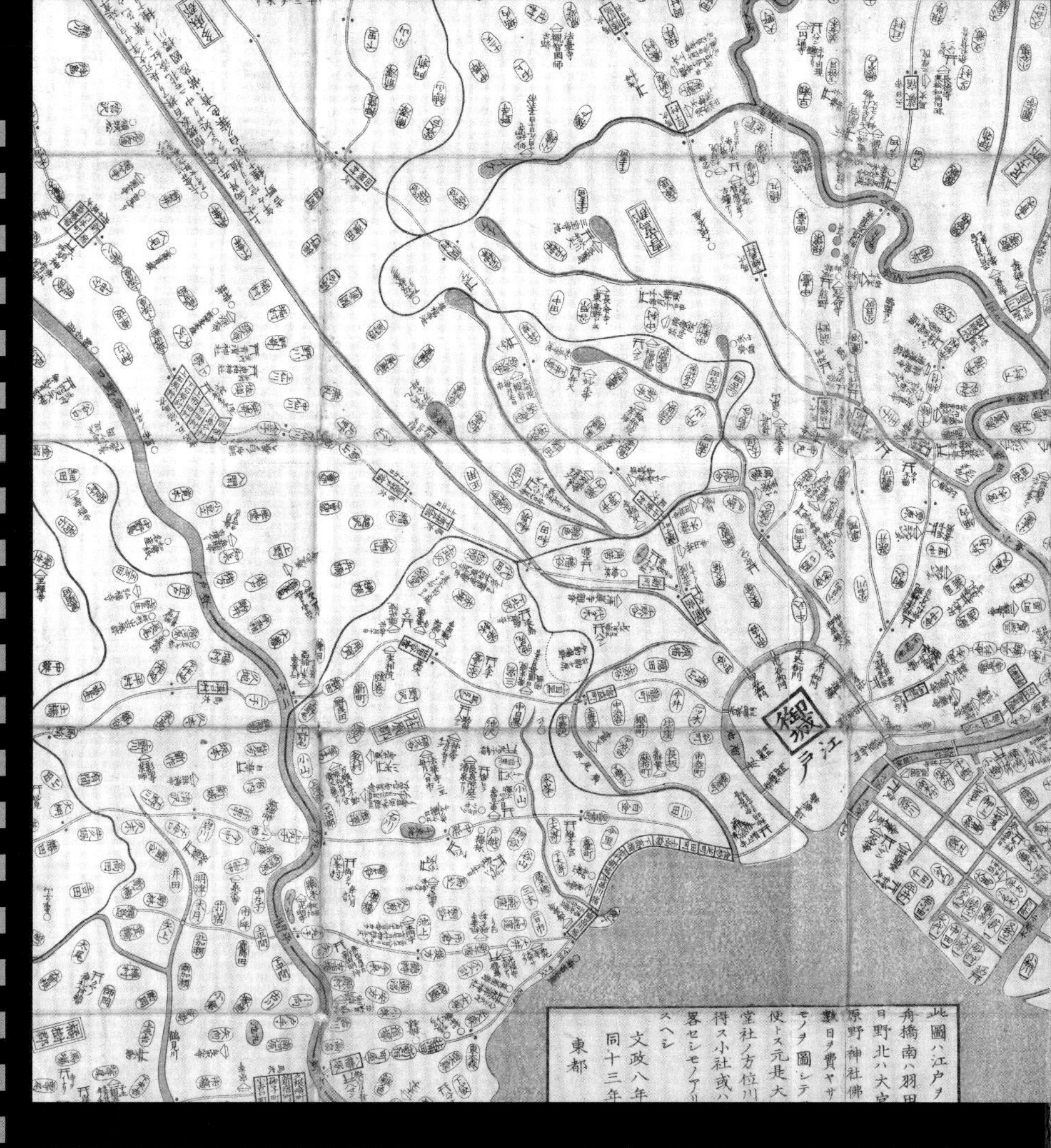

後には、両国橋が架けられます。さらに、新大橋や永代橋などが建設され、大川の東側の本所・深川一帯が開発されていきます。

こうした橋のほか、江戸の市政の中心として警察・司法を担った町奉行所、流通と経済の拠点だった金座や御蔵なども、政治・経済の中心となった江戸の息吹を伝えるスポットとして、本章で紹介します。

『東都近郊図』　江戸時代後期の絵図。川筋を中心に江戸近郊の村の位置が描かれていて、その中心にある江戸が「水の都」だったことが見てとれる。河川のほかに、左上から直線的に江戸の方へ流れる玉川上水などの上水も描きこまれている。江戸城の東側(右下側)の本所・深川一帯には、縦横に水路が設けられている。

日本橋

にほんばし

五街道の起点に架けられた公儀橋

[地図] p7-B-2

江戸城への水運のために整備された日本橋川に、日本橋が最初に架けられたのは、慶長8年（1603）、幕府開府の年である。翌年には、日本橋は五街道の起点とされた。橋の欄干には擬宝珠がつけられていたが、これはとても格式の高い橋であることを示す。なお、この初代の木橋の北側部分を原寸で復元したものが、江戸東京博物館に展示されている。

『江戸名所図会』に「この地は江戸の中央にして、諸方への行程も、このところより定めしむ。橋の上の往来は貴となく賤となく、絡繹として間断なし。また橋下を漕ぎつたふ魚船の出入り、旦より暮れに至るまで嗷々として囂し」と書かれているように、日本橋は大江戸の中心であり、諸国への街道の起点とされ、多くの人と船が集まる繁華の地でもあった。

橋から延びる大通りには大商店が店を構え、河岸沿いには蔵屋敷が立ち並び、江戸だけでなく日本全国の物流の中心地といえる商業エリアに発展していった。

橋の南詰には、慶長11年（1606）に、法度・掟書・犯罪者の人相書などを板面に記して掲げるための高札場が設けられた。この日本橋の高札場は、常盤橋外、浅草橋内、筋違橋内、半蔵門外、高輪大木戸と並ぶ「江戸の六高札場」のひとつで、人通りの多いところが設置場所に選ばれている。高札場の向かい側には、心中の生き残りや女犯の僧といった、晒し刑を付加された罪人を人びとに見せつける「晒し場」があった。

橋の北詰東側には魚河岸があった。家康は、江戸入府にあたって、江戸城で必要な魚を獲らせるために、摂津佃村の漁民を江戸に呼び寄せて佃島に住まわせた。そして、彼らにシラウオ漁の権利を与えるとともに、城に納めた残りの魚を市中で売ることを許可したのが、魚河岸

現在の日本橋　明治44年（1911）に架けられた20代目の橋で、長さ約49m、幅約27mのルネサンス風の石橋。柱と首都高速の壁にある文字は15代将軍・徳川慶喜の手によるもの。

歌川広重『東海道五十三次 日本橋朝之景』 大名行列が北から南に渡っているところを描く。「お江戸日本橋七つ立ち」の文句のように、江戸の旅人は早朝に出発する習わしだった。

日本橋魚河岸跡 日本橋川の北岸に設けられた水産物市場。漁業特権をもっていた佃島の漁民が、将軍に献上した魚介の残りを販売したのが起源。

『江戸名所図会』「日本橋魚市」(部分) 店先で魚を売る人や棒手振りの様子をはじめ、川に浮かぶ小型で高速の押送船(おしおくりぶね)や揚場など、日本橋魚河岸の賑わいが詳しく描かれている。

日本橋の船着き場 現在の日本橋の架橋百周年を記念して、2011年につくられた。幕府が管理する公儀橋のなかでも格式が高いことを示す擬宝珠が添えられている。

の起源である。日本橋の魚河岸は、江戸の発展とともに繁盛した。

江戸には日に三千両が落ちるといわれていて、「何のその日に千両は朝のうち」という川柳は、魚河岸の繁盛を詠んだもの。ちなみに、昼に千両落ちるのは芝居町、夜に千両落ちるのは吉原である。

河岸とは、河川や運河の船着場のこと。船で運ばれた物資を陸に揚げるところで取引の場になることが多かった。日本橋一帯にはたくさんの河岸があり、魚河岸や大根河岸のように取引する品物で呼ばれたり、鎌倉河岸や木更津河岸のように荷がやってくる地名で呼ばれたりした。

水陸の交通の要として賑わった日本橋も、現在は橋の上を首都高速が覆い、江戸の面影を見出すことは難しい。しかし、橋のたもとに船着き場が設けられたり、首都高速の移設が計画されたりするなど、往時の風情を取り戻す試みが進められている。

第17景

千住大橋

せんじゅおおはし

北斎が描いた富士山がよく見える

[地図] p3-A-3

『江戸名所図会』「千住川」　千住大橋を渡る人の流れが途切れない様子が見てとれる。

江戸に入った徳川家康が隅田川に架けた初めての橋で、現在よりやや上流に位置した。普請奉行を務めていた武蔵小室陣屋の代官頭の伊奈備前守忠次に命じて、たいへんな難工事の末、文禄3年（1594）に完成。

千住大橋の橋杭には水に耐性があり腐食しにくい高野槙が用いられ、伊達政宗が寄進したと伝えられている杭材は明治まで長もちしたという。

たんに大橋と呼ばれていたが、のちに両国橋が架けられると千住大橋と呼ばれるようになった。近くにある小塚原天王社（素戔雄神社）の天王祭で行なわれる「千住大橋綱引」は、千住大橋の工事を契機に始まったといわれている。

千住大橋のたもとには将軍の御座船もつけられる船着場が設けられ、「江戸の北の入口」の機能をもっていた。周辺には秩父から荒川を運ばれてくる秩父材と呼ばれた木を陸揚げする材木商が軒を並べ、江戸の材木流通の拠点でもあった。

この地には、日本橋を出て日光道中の最初の宿となる千住宿が置かれ、松尾芭蕉の『おくのほそ道』には、記念すべき出発場所として「行く春や鳥啼き魚の目は泪」の句とともに思いが綴られている。芭蕉は門人の河合曽良を伴って、明け方に深川から舟で隅田川を遡り、千住大橋の近くに上陸した。たくさんの門人に見送られたこの地に「矢立初めの地」の記念碑が建てられている。芭蕉は見送りの人びとと千住で別れ、粕壁宿（春日部市）で一泊目の宿をとることになる。

葛飾北斎『冨嶽三十六景 従千住花街眺望ノ不二』 千住の花街より（従）見える富士を描いた。前景に鉄砲をかついだ大名行列、後景の中央に雪をいただいてそびえる富士山を配している。

橋戸稲荷　千住河原に宿場ができる前から鎮座していたと伝えられる。橋が架けられてから庶民の信仰を集め、拝殿の扉には左官の名工として名高い伊豆長八が鏝で仕上げた白狐が残る。

「奥の細道・矢立初めの地」　芭蕉が門人たちと別れた奥州旅立ちの地。「千住と云う所にて船をあがれば、前途三千里のおもひ胸にふさがりて、幻のちまたに離別の泪をそゝぐ」と記した。

千住宿本陣跡　陣跡に石碑がある。花街でもあった千住宿には遊女を置く旅籠が50軒もあり、『冨嶽三十六景　従千住花街眺望ノ不二』には、鉄砲隊の男が色町を振り向いている様子が描かれている。

また、葛飾北斎は千住からの富士の眺めが気に入っていたようで、『冨嶽三十六景』（人気が高かったためか、46枚ある）に、「武州千住」「従千住花街眺望ノ不二」「隅田川関屋の里」の3枚を描いている。

江戸四宿のひとつに数えられる千住宿は品川宿に次ぐ岡場所（公許ではない遊廓）でもあり、江戸中期には幕府が黙認する遊女である飯盛女（食売女）が150人置かれた。

第18景

両国橋

りょうごくばし

明暦の大火後にできた花火の聖地

［地図］p19-C-1

両国橋は隅田川右岸の東日本橋と左岸の両国を結び、千住大橋につづき二番目に架けられた。この付近で神田川が隅田川に合流し、少し手前の地に神田川最下流の橋となる柳橋（やなぎばし）が架かっている。

幕府は長いあいだ防衛の観点から千住大橋以外の架橋を許可しなかった。しかし、江戸の町の大半を焼失した明暦3年（1657）の大火が状況を大きく変える。隅田川河口の右岸に近い中島である霊岸島（れいがんじま）周辺で、逃げ場を失った多数の犠牲者を出してしまったため、橋を増やすことに決めたのだ。同時に、橋のたもとに広小路と呼ばれる防火を目的とする火除地（ひよけち）も設置される。

両国橋の名は、境界の変更時期は諸説あるが、かつてここが武蔵と下総という東西二国の境界だったことによる。橋は万治（まんじ）2年（1659）に完成。この両国橋ができたことによって、隅田川の東岸にあたる現在の両国・本所・深川方面がにわかに発展しはじめ、江戸市中が大きく東部に拡大していくのに寄与した。

それとともに、両国といえば花火といわれるほどの名所になる。まずは両国橋

江戸がわかる博物館・美術館

すみだ北斎美術館

北斎ゆかりの地で鑑賞する名画の数かず

［地図］p19-C-2

葛飾北斎（かつしかほくさい）の生まれ育った本所に開設された墨田区運営の美術館。欧米における最高かつ最大の北斎のコレクター、ピーター・モースのコレクションをはじめ、世界的に評価の高い北斎の作品を中心に門人の作品も紹介。様々なテーマを設けた企画展も開催。

弘前藩津軽家の大名屋敷跡に建つ美術館　藩主の依頼で北斎は屏風に馬の絵を描いたというエピソードも残るゆかりの地。

歌川豊国「江戸両国すずみの図」 夕方になると川辺や橋上に涼風が吹き、涼を求める人たちが集まった。屋形船を浮かべたり花火を眺めたりと、江戸の夏の風物をこれでもかとばかりにぎやかに描く。

が架けられた頃に「鍵屋（かぎや）」を屋号とする花火屋が誕生し、派手な打ち上げ花火の開発が進められた。その後、「鍵屋」からのれん分けした「玉屋（たまや）」も参入し、両国橋を境に両者で縄張りを分け合ったといわれる。こうして、戦国時代にはもっぱら鉄砲の戦（いくさ）に使われていた火薬が、平和が訪れた江戸時代には花火に使われるように変わっていった。

火事がひんぱんに起こった江戸では、隅田川の河口を除いて、市中での花火は厳禁とされた。両国橋の大川端が花火の名所になるとともに、夕涼みのために、屋根船や屋形船などで船遊びをする名所にもなったのは自然のなりゆきである。

当初は夜店や屋台が出る納涼期間（およそ夏の3か月間）に花火が打ち上げられ、のちに景気のいい旦那衆が競って大金を出し、花火はだんだん派手に進化していった。あらゆる階層に花火の人気が高まるにつれ、火薬の専門家を抱えていた大名も打ち上げに加わるようになった。こうして、大勢の見物人が集まる今のような風物詩が生まれたわけである。

旧両国橋跡 旧両国橋は現在の両国橋の50mほど南に架かっていた。橋の西詰に設けられた広小路は、人びとの度肝を抜く見世物小屋や食べ物屋で賑わう盛り場となった。

浅草見附（浅草御門）跡 江戸三十六見附と称されたうちのひとつで、神田川下流にあった見附。明暦の大火では、警備の役人がこの門を閉ざしたことが死者を増やす原因となった。

新大橋

しんおおはし

広重『名所江戸百景』の白眉

[地図] p21-B-1

元禄6年（1693）に架けられた隅田川三番目の橋。それまで両国橋を大橋と呼んでいたのでこのように名づけられた。現在の橋より南にあった。完成の翌年に亡くなる松尾芭蕉が住んでいた深川芭蕉庵に近く、芭蕉は「初雪や懸けかかりたる橋の上」の句を詠んだ。

風景画の題材としても好まれ、広重が「大はしあたけの夕立」と題して描いた『名所江戸百景』（↓20ページ）の新大橋は、傑作として世界的にも名高い。この作品は、激しく降りしきる雨のなか、六人の通行人が橋の上を急ぎ足で歩く様子と、船頭が操る筏（いかだ）が大胆な構図で生き生きと表現されている。版画を模写したゴッホに多大な影響を与えたことでも知られる。

「あたけ」とは新大橋の東側（現在の新大橋一丁目の周辺）を指していた地名の通称で、江戸時代の初期に、幕府の木造大型軍船（安宅丸（あたけまる））がこの地の船蔵に係留されていたことから、その名で呼ばれるようになったという。

『江戸名所図会』「新大橋三（みつ）また」「山もあり　また船もあり　川もあり　数は　ひとふた　みつまたの景」という半井卜養（なからいぼくよう）の狂歌を添える。川が分流する一帯は屋形船で納涼を楽しむ名所だった。

江戸がわかる博物館・美術館

江戸表具展示館

浮世絵文化が育てた粋な江戸表具の世界

[地図] p21-B-1

天保年間に創業された「経新堂稲崎」。当時は「大経師（だいきょうじ）」として名字帯刀が許され、江戸城出入りの経師の筆頭格であったという。店内では掛け軸や額、屏風などの江戸表具、さらに表装の道具を展示。長年受け継がれてきた江戸の粋な技が学べる。

経新堂稲崎　「大経師」の看板を持つ店は、元は江戸城近くの大工町（現日本橋2丁目）にあった。

歌川広重『東都名所　永代橋全図』 一目で河口に近いとわかる。船の出入りが多い水運の拠点で、橋脚も高く、見晴らしがよいが、川の混雑ぶりには危うさも感じる。

第20景

永代橋

えいたいばし

隅田川の河口近くに架けられた最長の橋

[地図] p21-C-1

隅田川に架けられた江戸時代の五つの橋のうち、永代橋は四番目にあたる。元禄11年（1698）の架橋で、長さは110間（約200メートル）と最長である。工事は一番目の千住大橋の架橋を命じられた伊奈忠次の子孫にあたる伊奈忠順が指揮をとった。

橋が架けられた場所は隅田川の河口に近く、その下流で新川が隅田川に合流していて、隅田川河口の内港と海側の外港を合わせて江戸湊を形づくっていた。渓斎英泉の『東都永代橋の図』には高い橋脚をもった永代橋が描かれ、橋の海側にあたる外港には十隻を超える帆を上げた小型の川舟が見えている。広重の『東都名所　永代橋全図』には、帆を上げたまま橋脚の下をくぐったと見える船も描かれている。当然ながら、橋の下を船が余裕をもって通れる高さが必要だった。

橋脚の高い永代橋は見晴らしがよく、「西に富士、北に筑波、南に箱根、東に安房上総が眺められた」という。そのような構造だから頑丈なつくりではなかった。文化4年（1807）の富岡八幡宮の祭礼日には、大勢の人が押し寄せて橋が崩落、1400名を超える死者・行方不明者を出す大惨事を起こしている。

赤穂義士休息の地の碑 元禄15年（1702）12月15日未明、吉良邸討ち入りを果たした大石内蔵助ら赤穂四十七士が泉岳寺に向かう途中、永代橋のたもとで甘酒をふるまわれたと伝えられる。

吾妻橋

あずまばし

江戸の町方が架けた隅田川最後の橋

[地図] p17-D-1

安永3年（1774）、隅田川に架けられた江戸時代の五つの橋で最後のもの。以前はここに「竹町の渡し」があった。浅草の町人が向島とつなぐ橋づくりを幕府に願い出て認可。幕府が手がけた他の四つの橋と違って「町方の橋」とされ、武士を除く通行人から2文の通行料を徴収して維持費にあてた。

大川橋と命名されたが、江戸の東にあったため、俗に「東橋」と呼ばれた。表記が「吾妻」とされたのは、橋を渡った向島に日本武尊の妻弟橘姫を祀る吾嬬神社があったからだという。

吾妻橋は落語『文七元結』などによく登場するが、なぜか身投げの名所という設定になっている。その理由は、吾妻橋の名が、夫のために海に身を投じた弟橘姫と関連づけられているからである。

吾妻橋は、永代橋と新大橋が流出した天明6年（1786）の水害でも被災せず無事だった。その後、明治時代に吾妻橋は隅田川初の鉄橋となった。

『江戸名所図会』「大川橋」 上空から北の方角を俯瞰した構図で吾妻橋と両岸の景色を描く。遠景に筑波山を配し、「墨水」と呼ばれた広々とした隅田川が強調されている。

江戸がわかる博物館・美術館

たばこと塩の博物館

江戸庶民の暮らしや文化が体感できる

[地図] p17-D-2

日本たばこ産業が運営する、たばこと塩の歴史を紹介する博物館。江戸時代のたばこ文化を紹介するコーナーでは、当時の煙草屋の店先が再現されている。煙管や煙草盆、たばこに関わる浮世絵などを多数収蔵している。

江戸の煙草店を再現 南蛮渡来のたばこは江戸時代に庶民のあいだで嗜好品として広まり、独自の文化を形成した。

浅草御蔵

あさくさおくら

旗本・御家人の扶持米を保管した米蔵

[地図] p19-B-1

隅田川右岸に位置する浅草の入江になっていたところを鳥越神社の丘を切り崩した土で埋め立て、その地に建てられた幕府の米蔵で、勘定奉行配下の蔵奉行の管轄下にあった。8本の船入堀が設けられ、主として幕府が全国の幕領から集めた旗本・御家人の扶持米を保管するのに使われた。大きな蔵が50棟以上も並ぶ蔵の総面積は8000坪を超え、30万石から40万石の米を収蔵していたという。

江戸時代は米を貨幣の基準とする「米本位制経済」といえる制度のため、蔵に保管された蔵米が給料（俸禄）として支給された。旗本・御家人は自分たちの食用を除く米を現金に換える必要があり、札差（ふださし）がその換金を代行した。

のちに蔵前と呼ばれるようになる西側の一画には米を扱う札差や米問屋がずらりと軒を連ねた。米の仲介・運搬・売却の手数料を得る札差は、蔵米を担保とする金融業の利益が大きかったため、富裕な町人の代名詞となっていった。

そうしたなかで、「蔵前風」と呼ばれる豪奢な風俗が生まれ、自他共に「通人（つうじん）」と認める「十八大通（じゅうはちだいつう）」と呼ばれる人たちが世に名をとどろかせるようになるが、その多くが蔵前の札差であった。

『名所江戸百景　浅草川首尾の松御厩河岸』（あさくさがわしゅびのまつおうまやがし）　浅草御蔵の「首尾の松」は、隅田川を行きかう船からよく見えた。川に浮かんでいるのは、簾を吊った屋根船と屋根のない小さな猪牙舟。

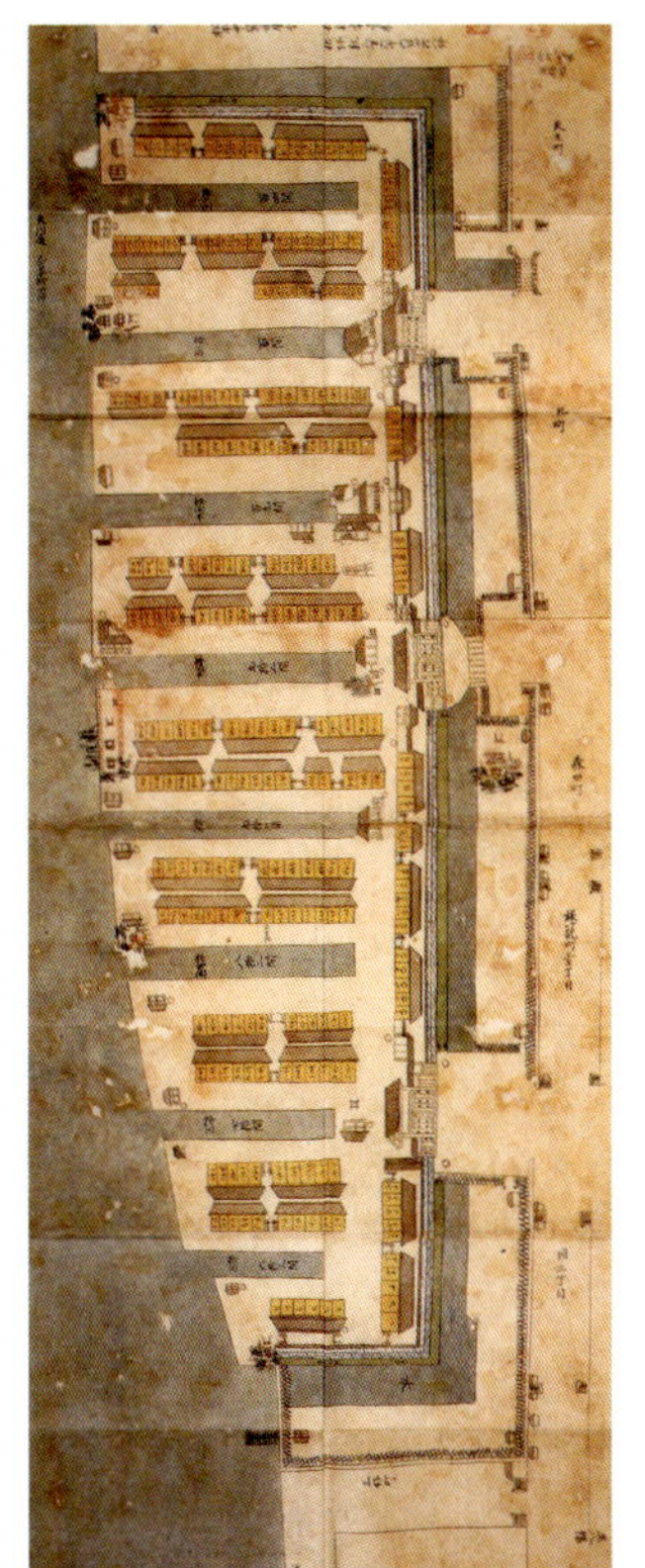

『浅草御米蔵図』（おこめぐら）　御米蔵の西の蔵前は米問屋が並ぶ「金融街」として発展。豪商・蔵前商人を生み出していく。

第23景

高輪大木戸

たかなわおおきど

江戸の玄関口を守った石垣と木戸

[地図] p23-C-1

治安維持や交通規制のために江戸の南の出入口に設けられた関門である。高輪大木戸が現在地に移ったのは、宝永7年（1710）といわれる。道幅約6間（約11メートル）の東海道の両側に石垣を築き、夜は門を閉ざして通行止めにした。

江戸時代は街道のそばまで海が迫り、品川宿に至る海岸は眺めがよく、月見の名所として人気を集めていた。

なお、伊能忠敬（いのうただたか）が文化2年（1805）に近畿・中国方面の測量を始めた際は、この高輪大木戸を起点としている。

『江戸名所図会』「高輪大木戸」　絵の右に大木戸の石垣が見える。ここに描かれている大木戸から南は江戸の外側になり、東海道を往来する旅人の送迎もここで行なわれ、茶屋などもあって賑わった。

高輪大木戸の石垣　第一京浜国道（国道15号）の東（海）側、ＪＲの線路との間に、高輪大木戸の東側の石垣（幅5.4m、長さ7.3m）が残っている。

第24景

志村一里塚（しむらいちりづか）

400年以上前から中山道の両側にあった

[地図] p3-A-1

慶長9年（1604）に、徳川家康が道のりの目安として全国の街道沿いに1里（約4キロ）ごとに築かせたのが一里塚の起源。志村一里塚は中山道（なかせんどう）の第3番目（日本橋から3里目）の一里塚で、2基1対で残っている貴重なもの。

現在の志村一里塚　国道17号の両側にあり、国の史跡に指定されている。写真は日本橋方面から歩いて右側（東側）にあるもの。榎の大木の木陰が旅人の疲れを癒したという。

第25景

猿江御材木蔵

さるえおざいもくぐら

江戸幕府の材木貯蔵池

[地図] p20-A-4

猿江は深川八郎右衛門が開拓した深川の小名木川北岸、横十間川沿いに位置している。「水の都」と呼ばれる大坂から江戸へ移住してきた八郎右衛門は、水運の重要性を知りつくしていた。深川は運河が縦横に走り、水が澄み、水と切っても切れない関係にある木場を置くのに最適な地だった。

江戸の材木商は競って深川に移り住み、巨利を得た紀伊国屋文左衛門も、ここからそれほど遠くない今の清澄公園の場所に屋敷を構えていた時期があるといわれている。

享保7年（1722）、毛利藤左衛門が毛利新田を開発。その後、享保19年（1734）に幕府は、材木蔵を本所横網町からここに移した。

江戸幕府の木場は、明治になると皇室の貯木場「宮内省猿江御料地」となった。現在の猿江恩賜公園はその一部にあたっている。

『名所江戸百景　深川洲崎十万坪』 上空を鷲が飛び、遠景に筑波山が見える。洲崎は日の出や潮干狩りを楽しむ行楽地だったが、寛政３年（1791）の高潮で深刻な被害を被り、幕府は居住を禁じていた。

猿江恩賜公園の池　北園と呼ぶ公園の北側にはミニ木蔵と命名された貯木場と堀割を再現した四角い池がある。木材の重しに使用した石を護岸に用い、初夏から秋にかけてスイレンの花が咲き誇る。

第26景

木場（きば）

木挽き職人の活躍の場

多くの木材を貯蔵するには広い水面が必要なため、木場の多くは埋立地に設置され、埋立てが進んで海との距離が長くなると別の場所へ移った。

現在の木場公園の地に木場がつくられたのは、元禄期（1688～1704）に御用材を扱う材木問屋が集まったことによる。木場の貯木場は、昭和44年（1969）に、荒川河口の新木場に貯木場ができたことにより、なくなっていった。

木場では、水に浮かべた角材の上で筏師（いかだし）が軽業のように身体を動かす「木場の角乗（かくのり）」と呼ばれる伝統芸が受け継がれてきた。職人が鳶口（とびぐち）で材木を自在に操る技から生まれたといわれる「木場の角乗」は、毎年10月に開かれる「江東区民祭り」の会場となる木場公園のイベント池で見ることができる。

［地図］p21-C-3

『名所江戸百景　深川木場』 木場の冬景色を描いた広重の名作。深々と雪が降り積もり、二匹の犬はおそらくこの雪にはしゃいでいるのだろう。空の様子から、さらに積もる気配も見える。

都立木場公園 木場の跡地は広々とした公園に生まれ変わり、東京都現代美術館も建てられた。写真は、「江東区民祭り」での「角乗」のようす。

金座

きんざ

小判を鋳造した幕府経済の中枢

幕府の金貨鋳造所が金座である。江戸時代の貨幣制度では、金・銀・銅の三貨が併用され、その間の相場は両替商の取り引きで決められた。

『金座絵巻』「出来金改所」 江戸の金座の工程を絵巻物にしたもの。出来金改所は、できた小判を検品する部屋で、形や刻印を肉眼で調べるとともに天秤を使って目方を確認した。

小判は1枚が1両であり、両は丁銀や、豆板銀とも呼ばれる小玉銀などと、重さを量って通貨の交換が行なわれた。これを両替と呼んだ。もっとも、東国では金が主、西国では銀が主という地域差があり、これが両替を促した。そして、両替商は為替や預金などの業務も手がけるようになり、やがて銀行へと発展する。

江戸の金座は小判を鋳造するとともに、金の含有量を調べる鑑定や検査も担当した。金座は勘定奉行が支配し、金座役人を務める御金改役は鋳造の専門技術をもつ後藤家が世襲した。

金座で鋳造された小判の仕上げには、より金らしく輝いて見えるよう、食塩や硝石などの薬剤を用いて表面を整える作業が行なわれた。

[地図] p7-B-2

江戸がわかる博物館・美術館

貨幣博物館

江戸の金座跡地でたどる貨幣の歴史

日本銀行金融研究所に設置されている貨幣の博物館。古貨幣収集家だった田中啓文氏の「銭幣館コレクション」を中心に、古代から現在までの内外の貨幣・紙幣を展示。江戸時代の貨幣については、鉱山の開発から、中国の貨幣に頼らず国家による貨幣統一を行なった過程まで詳しく紹介し、江戸経済の全体像を理解することができる。

江戸時代の大判小判 江戸時代には一般に流通せず、贈答用や店頭の飾りとして使用された大判なども陳列。

[地図] p7-B-2

第28景

北町奉行所跡

きたまちぶぎょうしょあと

遠山の金さんも勤務した江戸市政の中心

[地図] p7-B-2

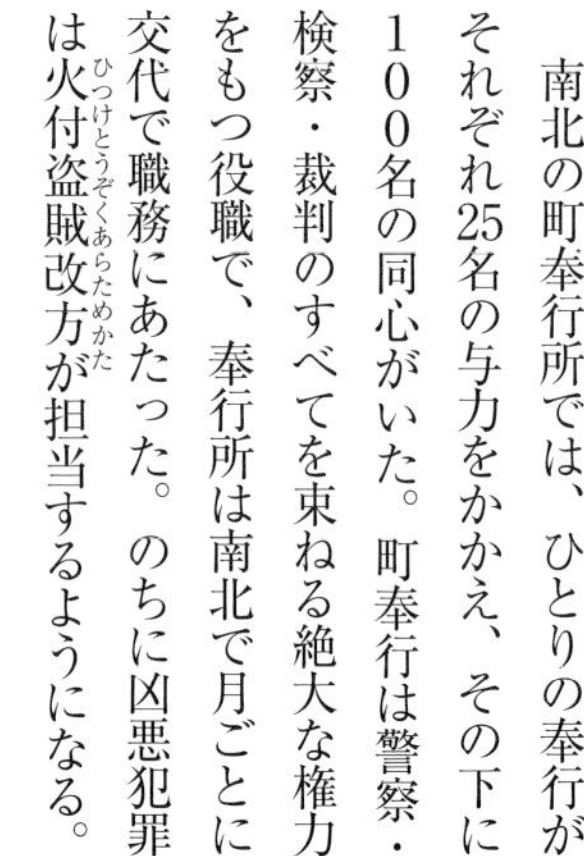

南北の町奉行所では、ひとりの奉行がそれぞれ25名の与力をかかえ、その下に100名の同心がいた。町奉行は警察・検察・裁判のすべてを束ねる絶大な権力をもつ役職で、奉行所は南北で月ごとに交代で職務にあたった。のちに凶悪犯罪は火付盗賊改方が担当するようになる。

北町奉行所は度々移転したが、文化2年（1805）に呉服橋門外に移り、幕末までこの地にあった。「遠山の金さん」で有名な遠山左衛門尉景元は、北町奉行時代に老中・水野忠邦と対立して罷免されるが、その後、南町奉行として復活。景元は北町奉行になる前は勘定奉行を務めていた。

北町奉行所跡　遠山左衛門尉景元（遠山金四郎）が天保11年（1840）から3年間、奉行職についていた。跡地の発掘調査によって奉行所の上水道や井戸の遺構が発見されている。

江戸城外堀の石垣碑　北町奉行所の東に外堀の石垣があった。復元された石垣の様子を見ながら、石を割る技法だった「矢穴」の構造を知ることができる。

第29景

南町奉行所跡

みなみまちぶぎょうしょあと

大岡忠相が活躍したもうひとつの町奉行所

[地図] p7-C-1

南町奉行所は、「大岡裁き」で世に知られる大岡越前守忠相が20年近く奉行を務め、江戸市政の改革に尽力したところ。忠相は南町奉行になる以前は、伊勢国の山田奉行の職にあり、町奉行退任後は寺社奉行に栄転した。

奉行所跡はＪＲ有楽町駅構内にあり、地下1階の広場には奉行所内に掘られた地下室（穴蔵）が復元展示されている。

南町奉行所跡　跡地の発掘調査では、奉行所の下水溝・井戸・土蔵などが発見され、「大岡越前守御屋敷」と墨書きのある荷札が出土。伊勢神宮の神官が大岡忠相の家臣に宛てた木札と判明した。

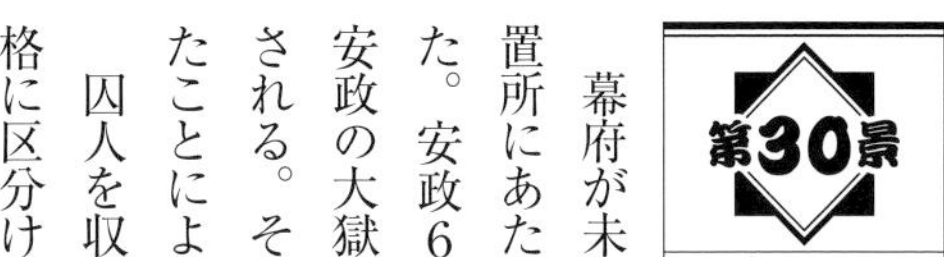

第30景

伝馬町牢屋敷

てんまちょうろうやしき

吉田松陰など安政の大獄の舞台

［地図］p7-A-2

幕府が未決囚を拘留していた現在の拘置所にあたる場所で処刑場の機能もあった。安政6年（1859）、吉田松陰は安政の大獄に連座してこの牢屋敷に投獄される。その後、老中暗殺計画を自白したことにより斬首に処された。

囚人を収容する牢獄は身分によって厳格に区分けされ、上から揚座敷（500石以下で御目見以上の旗本、身分の高い僧侶と神官）・揚屋（御目見以下の幕臣、大名の家臣・中級以下の僧侶と医師と神官）・大牢と二間牢（庶民）という具合の序列が定められていた。なお、上級の武士は収監されることはなく、罪を犯した場合は、「切腹」になるのが基本だった。大牢と二間牢は東と西に分けられ、東牢は人別帳に記載されている者、西牢は無宿者が収容された。女囚は一律に西牢の揚屋に収容され、町人と分けるために農民には百姓牢が設けられた。

吉田松陰終焉乃地碑　牢屋敷跡の十思公園に、「辞世の句」などを刻んだ石碑が建つ。安政の大獄に連座して松陰が斬首されたのは、数えで30歳の時だった。

「石町時の鐘」　石町にあった鐘を移設したもの。江戸時代初期は江戸城の太鼓の音をたよりに鐘をついていたという。今は、大晦日の日にだけ鳴らされる。

江戸がわかる博物館・美術館

小伝馬町牢屋敷展示館

江戸時代の牢獄 その全貌を俯瞰

［地図］p7-A-2

牢屋敷内部の模型をはじめ、小伝馬町牢屋敷の全体像がわかる展示が行なわれている。穿鑿所や拷問蔵は現在の取調室にあたる場所。

牢屋敷の模型展示と元の敷地を見くらべて歩くと、囚人が増えた場合は殺して人減らしをしたという怖ろしい状況も実感できる。

牢屋敷の模型　現在の日本橋小伝馬町3〜5丁目を占めていた江戸時代の牢屋敷の構造と機能を展示。

第31景

湯島聖堂

ゆしませいどう

林羅山の私塾が幕府直轄の学問所に

[地図] p8-A-4

大成殿（たいせいでん） 入母屋造りの孔子廟の正殿の名。殿内には春秋時代の中国の思想家で儒教の創始者・孔子の像が安置され、かたわらに弟子と他の儒学者の像が置かれている。

家康のブレーンだった儒学者の林羅山（はやしらざん）が私的に孔子（こうし）を祀っていた先聖殿が、のちに湯島に移築されて「聖堂」と呼ばれるようになり、寛政の改革に際し、幕府直轄の昌平坂（しょうへいざか）学問所（昌平黌（しょうへいこう））が併設された。ちなみに昌平は孔子が生まれた村の名である。

学問所は、羅山が寛永7年（1630）に忍ケ岡に設立した私塾に始まる。林家（りんけ）の私塾に過ぎなかった施設が、やがて幕府が公認する朱子学の拠点に発展した。

もっとも、徳川幕府は朱子学を学問の中心としたが、中国や朝鮮王朝のように儒学（朱子学）だけを教え、儒者だけを養成していたわけではなかった。江戸時代も幕末に近づくと、江戸幕府の教育機関も多様化し、洋学教育研究機関である開成所（かいせいじょ）や西洋医学を教える医学所が設立され、医学所はその後の西洋医学所を経て、東京大学医学部の前身となった。

昌平黌はこれらの機関と並び称された時期もあったが、明治維新の前後は国学に強く影響された神道の勢いがきわめて盛んになったため、儒学は主導権を握ることができなかった。それでも、明治の時代に入っても、湯島聖堂の構内には文部省や東京師範学校や東京女子師範学校などが集められ、しばらくのあいだ「学問の聖地」の機能を果たした。

孔子像 湯島聖堂の孔子像は昭和50年（1975）に台湾のライオンズ・クラブが寄贈したもの。高さ約4.5m・重量約1.5トンは世界最大といわれる。

第32景

小石川薬園

こいしかわやくえん

医療施設も併設された幕府の御薬園

[地図] p11-B-1

今の東京大学付属小石川植物園の起源は、江戸時代の幕府の施設「小石川薬園」にさかのぼる。元は五代将軍・徳川綱吉が養育された白山御殿だったが、貞享元年（1684）、麻布にあった御薬園を移転したことに始まる。現在の小石川植物園内の薬園保存園では、当時の薬用植物が栽培されている様子を見ることができる。

御薬園では内外の薬草・薬木の栽培が行なわれたが、とりわけ八代将軍・徳川吉宗と町奉行の大岡忠相が協力して推しすすめた享保の改革では、施設の整備にも重点が置かれた。このとき、目安箱の投書をもとに、貧民救済の医療施設として医師の常駐する小石川養生所が設けられた。

また、吉宗に甘藷（サツマイモ）の栽培を命じられた蘭学者・青木昆陽は、この地で試作を進め、甘藷は天明の大飢饉で米不足になったときに多くの命を救ったといわれている。明治以降も、小石川は日本の近代植物学の発祥の地となり、現在も一般公開のかたわら、研究・教育の中心として機能している。

白山御殿の庭園が今に残り、御薬園時代以来の植物栽培が継続されてきたことに加え、徳川幕府の福祉政策を知る上で重要な意味をもつ史跡である。

小石川養生所の井戸　享保７年（1722）に設立の小石川養生所で使用されていた井戸。水質がよいばかりか水量も豊富で、関東大震災時にはこの井戸水が飲料水などに大いに活用された。

薬園保存園　小石川薬園は明治になって東京大学に引き継がれた。薬園保存園は昭和54年（1979）に設立され、御薬園時代に栽培されていた薬用植物の代表的な種を栽培している。

第3章 武士の都・江戸

〈第33景～第48景〉

ここでは、大名屋敷の庭園の跡や将軍家の墓所がある寺院など、武士たちにゆかりの「新江戸百景」を紹介します。

三代将軍・徳川家光が参勤交代を制度化したため、全国の大名は原則として隔年で江戸に住むようになります。各藩は石高に応じた広さの江戸屋敷を幕府から拝領し、藩主が江戸にいないときでも多くの家臣が江戸で暮らすことになりました。幕府に仕える旗本・御家人と合わせ、江戸は50万人の武士が暮らす武士の都になったのです。参勤交代で多くの人が江戸と全国とを行きかい、相互に文化的な影響を与えることにもなりました。

武家地の占める面積は、農地や荒れ地も含めた江戸府内の5割とも7割ともいわれます。江戸の地図をみると、細かく区分けされているところが多いなかで、大きくまとまった土地が山の手などに散見されます。これらは皆、大名の屋敷地です。

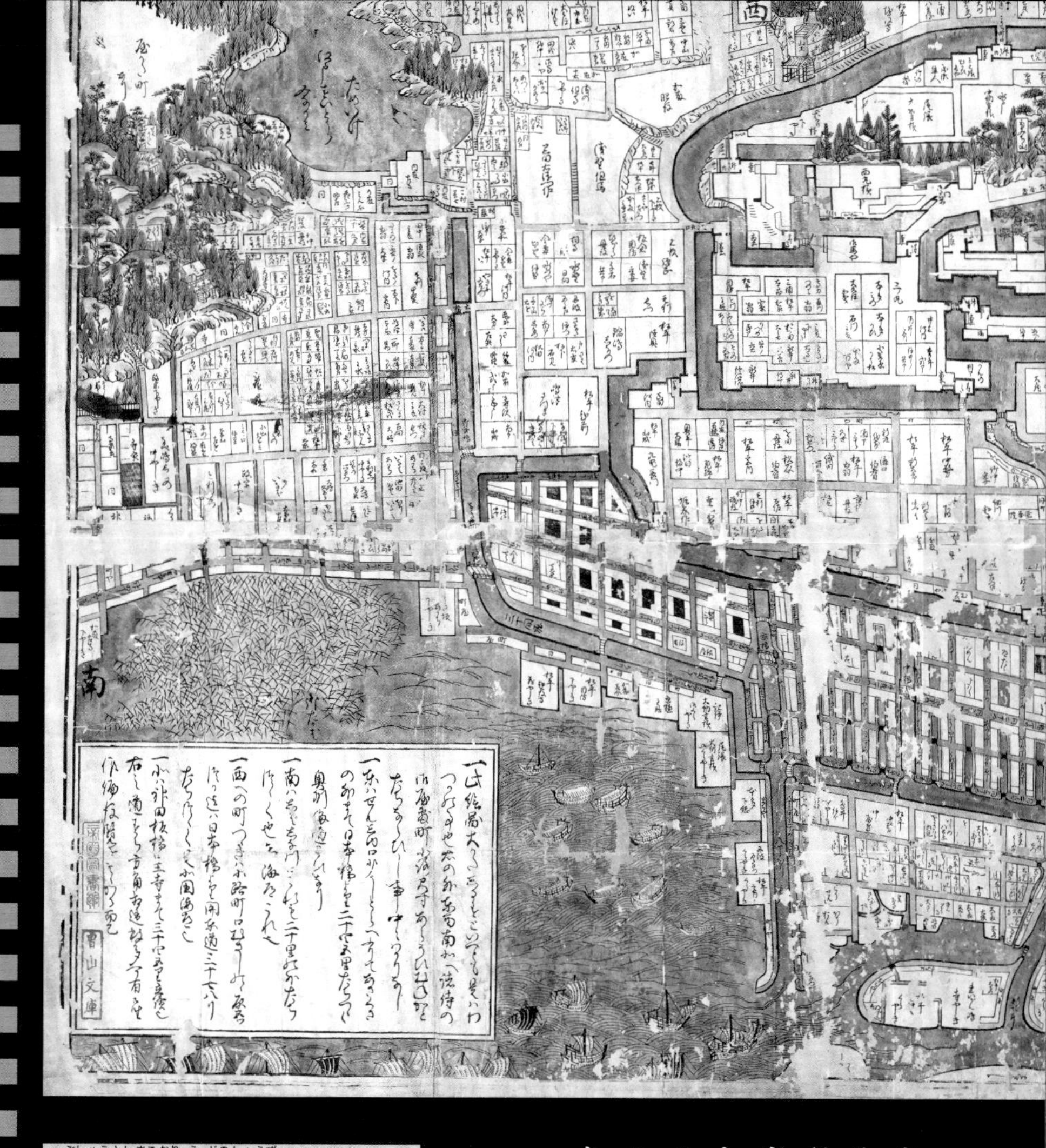

『武州豊嶋郡江戸庄図』 寛永9年（1632）ごろの江戸城下を描く。天守の周辺、堀の内側が有力大名などの屋敷地で、1区画が1つの屋敷。図の下側（東側）が町人地で、碁盤の目のような町割りの中央にある黒い四角が共有地である「会所地」で、その周りに多くの町人が軒を連ねて住んだ。のちには、会所地にも長屋などが建てられた。

明治維新後に、新政府が東京を首都に定めたのは、幕府の施設や大名屋敷の敷地を政府や軍の施設に利用できるという利点が大きかったからでした。現在でも、官公庁や大学、そして大きな公園や庭園などは、ほとんどが江戸時代の大名屋敷の跡にできたものです。そんななかで、ここでは江戸の風情を多く残すものを取り上げます。

浜御殿

はまごてん

幕末に海軍の屯所が置かれた将軍別邸

[地図] p23-A-3

もとは将軍家の鷹狩りの場所だったが、四代将軍・徳川家綱の弟で甲府藩主になった綱重の下屋敷（甲府浜屋敷と呼ばれた）となり、綱重の長子の家宣が六代将軍に就任して将軍家の別邸にされると、浜御殿と呼び名が変わった。

家宣の時代に幕府は浜御殿奉行という役職を新たに設け、屋敷を大きく改修して庭園や茶園を整備。幕末に海軍所となるまで、江戸城から遠くない海辺にある鷹狩りのできる風光明媚な将軍家の別邸として使われている。

徳川家康は長生きのための養生法として鷹狩りを行なったといわれるが、子孫の歴代の将軍も家康を見習って鷹狩りを盛んに行なった。とりわけ三代・家光は熱心だったといわれ、江戸城二の丸で鷹を飼って、将軍在職中に数百回も鷹狩りを楽しんだと伝えられる。その後、五代・綱吉が「生類憐れみの令」で鷹狩りを廃止することになるが、八代・吉宗の時代に復活した。

浜御殿には、海辺に立地している環境を活かして、潮の満ち引きで海水が出入りする「潮入の池」と「鴨場」がつくられた。鴨場とは訓練されたアヒルのおとりを使って鴨を巧みにおびき寄せ、そこ

将軍お上り場　浜御殿まで船に乗ってきた将軍が上陸した船着場。第二次長州征討の最中に大坂城で病死した14代家茂の遺体は軍艦長鯨丸で江戸に運ばれ、ここで上陸している。

三百年の松　6代将軍・家宣が浜御殿の庭園を改修した宝永6年（1709）に植えられたと伝えられている松。それから300年経ったことによって名づけられた。

『名所江戸百景　芝うらの風景』 石垣で護岸された浜御殿の海辺の景色を描いている。左手に立つ高い柱は「みおつくし」と呼ばれる水路標識。芝浦は豊かな漁場で、芝海老の名の発祥地。

潮入の池　海水を入れた池を指す。潮位の変化で趣が変わり、海水魚が棲んでいるのが特色。かつては東京湾の周辺にいくつも設けられていたが、残っているのはこの潮入の池だけだといわれる。

松の御茶屋　中島の御茶屋と対になる休憩所で、眺望にめぐまれた潮入の池のほとりに建つ。「浜離宮松之御茶屋略図」の図面によって復元。周囲に松が植えられていたと言い伝えられる。

で鷹狩りの鴨猟を行なう大きな池を指しており、鴨が安心して休める場所にしておく必要があった。

鴨場は2か所あり、庚申堂鴨場は安永7年（1778）に十代家治が、新銭座鴨場は十一代家斉が寛政3年（1791）につくった。

しかし、ペリーの黒船が来航すると鷹狩りどころではなくなり、江戸城と市中を防衛する重要な拠点と考えられた浜御殿には、幕府の海軍奉行が管轄する海軍の屯所が置かれた。

のちに鳥羽伏見の戦いで「敗軍の将」となった十五代・慶喜は、大坂城に将兵を残して幕府の軍艦開陽丸で江戸に逃げ帰り、慶応4年（1868）1月に浜御殿の「将軍お上り場」に上陸する。ここで勝海舟らの出迎えを受けて江戸城へ向かった。大坂城では総大将の逃亡により幕府軍の敗退は決まり、新政府軍は江戸をめざすことになった。

芝離宮庭園

しばりきゅうていえん

老中・大久保忠朝の上屋敷の面影が残る

[地図] p23-B-3

寛永の頃、芝の海沿いの地に、加藤清正や福島正則らと並んで「賤ケ岳の七本槍」のひとりとして知られる会津若松城主の加藤嘉明が屋敷を建てた。その後、元禄の頃に小田原城主で幕府の老中を務めた大久保忠朝の上屋敷となり、池泉回遊式の大名庭園が整備された。さらに、宝暦の頃には十一代将軍・徳川家斉の7男で清水家の徳川斉順が所有し、幕末には紀州徳川家の所有に変わった。

大久保忠朝は講談の『一心太助』の話で知られる「天下のご意見番・大久保彦左衛門」の一族。大久保家は譜代大名だったが、一族は家康の不興を買ったことなどで次第に権勢を失っていった。

明治に入ると、有栖川宮の別邸を経て宮内省所管の離宮となり、のちに旧芝離宮恩賜庭園として公開された。都立庭園となった現在は、海岸線からかなり遠ざかっているが、大久保忠朝が「楽壽園」と名づけた庭をつくった頃は「潮入りの池」があったといわれている。

大山・大島　庭園の真ん中の池には、いくつもの島や砂浜を模した州浜がつくられ、最も大きな島が大島、州浜の奥の庭園内で最も標高の高い場所が大山と名づけられた。

石柱　小田原城主の大久保忠朝が上屋敷を構えていた時代の茶室に使われたといわれる門柱が残る。小田原の後北条氏に仕えていた戦国武将の屋敷から運ばれたという。

新宿御苑

しんじゅくぎょえん

信州高遠藩内藤家の下屋敷跡

[地図] p27-A-1

高遠(たかとお)藩主の内藤家は3万3000石と、それほどの大藩ではなかったが、下屋敷を構えた現在の新宿御苑は石高にくらべてあまりにも広大である。徳川家康が岡崎時代からの譜代の家臣であった内藤清成(きよなり)に、「馬でひと息にまわれるだけの土地を与える」と語ったという話が伝えられている。

これが事実かどうかはともかく、甲州方面に通じ、江戸城の西の守りの要地でもあるこの地を、信頼のおける臣下に託したのだと推察される。

内藤家がつくった庭園「玉川園」は、御苑の大木戸門に近い玉藻池(たまもいけ)の周辺にあたる。玉川上水の余水を引き入れたことから命名。御殿が建ち築山なども配し、桜の美しさが称えられる景勝地だった。

明治5年(1872)、内藤家屋敷跡は農業・園芸を研究する内藤新宿試験場に変わり、その後の皇室の庭園・新宿植物御苑の時代を経て、戦後は国民公園として一般に開放された。

緑に包まれた玉藻池　池の形状や周囲のゆるやかな斜面に、内藤家下屋敷庭園の面影を感じることができる。冬には水鳥の姿も多く見られる。

江戸がわかる博物館・美術館

新宿歴史博物館

新宿を基点にして江戸東京を探索

[地図] p27-A-2

旧石器から昭和初期までの時代を扱い、江戸時代の内藤新宿の復元模型や商家などを展示している、新宿区が運営する博物館。宿場町の構造と江戸市中の武家屋敷や町屋、さらに近郊農村の歴史と文化などを総合的に学ぶことができる。

企画展や講座も充実　江戸城外堀の西に位置する新宿。江戸東京をめぐる諸事情をユニークな切り口で展示している。

小石川後楽園

こいしかわこうらくえん

大名庭園を代表する水戸藩の屋敷

[地図] p9-A-2

小石川後楽園は徳川御三家のひとつ水戸徳川家の中屋敷（のち上屋敷に変更）につくられた広大な大名庭園である。ここは徳川家康の11男・頼房が、三代将軍・家光から小石川台地の先端にあたる土地を与えられ、本格的な庭づくりを開始した。「池泉回遊式庭園」と呼ばれる日本庭園に、日本や中国の名所・旧跡の風景を縮めて庭園内に取り込んでいるところから「縮景様式」とも呼ばれる。中国の伝統思想にもとづく蓬莱島や日本の白糸滝などがあしらわれている。

後楽園という呼び名の出所は、中国宋の時代の范仲淹（文正）が書いた『岳陽楼記』で、「天下の憂えに先んじて憂え、天下の楽しみに後れて楽しむ」から後楽を引用して庭園名にしたのである。これは岡山藩主の池田綱政が岡山につくった日本三名園の一つとされる後楽園と同じである。

小石川後楽園のほうは、水戸藩の2代藩主で「水戸黄門」の呼び名で知られる徳川光圀が、清に滅ぼされた明の遺臣で儒学者の朱舜水に依頼して名づけたといわれる。光圀は儒学を重んじ、『大日本史』の編纂事業に情熱をかたむけ、朱舜水を招くなどして、のちに水戸学と呼ばれる学問の基礎をつくりあげた。

庭づくりに際しては、光圀は敬愛していた朱舜水の意見を尊重し、随所に中国趣味の景観が表現されているところに小石川後楽園の特色がある。

庭の真ん中にある大泉水という名の池が全体の中心で、大きな蓬莱島のほかに竹生島や庭師の徳大寺左兵衛にちなむ徳大寺石が配されている。これは、大泉水が近江の琵琶湖に見立てられていることを意味する。

大堰川は京都の嵐山を模した景観で、江戸時代は神田上水の水を流していた。急な石段がつづく愛宕坂は愛宕神社の坂、通天橋は東福寺の橋の見立て。

藤田東湖「護母致命の処」 水戸藩の儒学者・藤田東湖が水戸藩上屋敷で安政の大地震に遭い、母を助けて外に出たが、母が引き返したため救出を試み圧死。その地が道路となり碑を移転した。

円月橋　朱舜水が設計した半円アーチ構造の石橋。円月橋の名は橋の本体と水面に映る影を合わせると円形に見えるところから名づけられた。欄干に施された装飾は、いかにも中国風である。

通天橋　本家の通天橋は、紅葉の名所とされる京都東福寺の渓谷に架かっている。小石川後楽園の橋も赤く塗られ、秋にはイロハモミジと重ね合わせた色彩豊かな風景が味わえる。

西湖(せいこ)の堤　中国浙江省杭州(こうしゅう)にある西湖が世に知られ、そこに白居易(はくきょい)の詩に詠まれた湖を分ける白堤(はくてい)などの堤があった。その景色を模した堤だが、他の大名庭園にも模倣されていった。

九八屋(くはちや)　屋敷内を仕切る赤門があった場所の近くに藁葺(かやぶ)きの東屋がある。酒を味わう場として設けられ、酒は昼九分、夜八分が適量という意味で九八と命名されたという。簡素だが贅沢な空間。

江戸がわかる博物館・美術館

文京ふるさと歴史館

文京区特有の歴史や貴重な文化財に触れる

[地図] p11-D-2

江戸時代を中心に、文京区の歴史を多角的に紹介している文京区運営の博物館。1階では「大江戸づくりと文京」と題して町の発展を概観し、2階では「町の風景・暮らしの風景・文化の風景」などのテーマに分けた展示を行なう。随時、企画展示やイベントも開催。

江戸の暮らしの風景　江戸の景勝地であった団子坂では、幕末から明治にかけて菊人形の見物客で賑わった。

六義園

りくぎえん

柳沢吉保がつくった池泉回遊式庭園

[地図] p31-D-3

五代将軍・徳川綱吉の小姓から幕府の側用人へ、さらには15万石の甲府藩主にまで、異例の出世を遂げた柳沢吉保の下屋敷の跡。綱吉から与えられた染井村の駒込の地に、7年もの歳月をかけて、元禄15年（1702）完成させた大名庭園である。

園名の六義園は本来「むくさのその」と読むのが正しいとされる。「六義」とは中国の詩集『詩経』の分類である「風・雅・頌・賦・比・興」の六つに基づくもの。『詩経』は日本に伝わり、平安時代になると、六義は和歌の表現形式にもあてはめられた。吉保は和歌に親しみ、とりわけ『古今和歌集』や紀貫之を愛好したといわれる。

庭園は大池泉に大きな中の島をつくり、周囲を起伏に富んだ地形でとりかこんだ池泉回遊式庭園である。吉保自らの設計により、巨石を組み上げて蓬莱山に見立てた蓬莱島など、「八十八境」と呼ぶ88か所の名所・旧跡を再現している。

六義園の庭園は幕末まで一度も火災に遭うことはなかった。明治に入って三菱財閥の岩崎弥太郎が手に入れ、あらためて整備したが、起伏に富んだ地形は手を加えずにそのまま残し、その後の震災や空襲の被害からも免れたため、造園時の面影を今に伝えている。

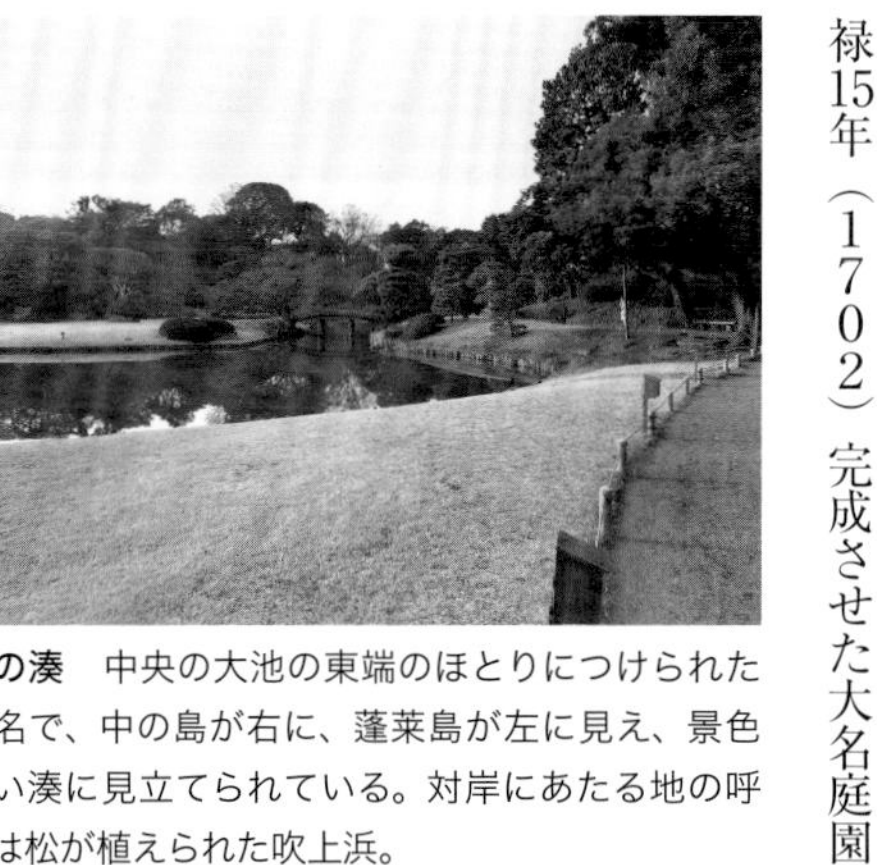

出汐の湊　中央の大池の東端のほとりにつけられた呼び名で、中の島が右に、蓬莱島が左に見え、景色のよい湊に見立てられている。対岸にあたる地の呼び名は松が植えられた吹上浜。

渡月橋　中の島の北にある2枚の大岩を渡した石橋。西側に渡ると「藤代峠」に至る。橋の名は「和歌のうら　芦辺の田鶴の鳴声に　夜わたる月の　影そさひしき」にちなむもの。

第38景

肥後細川庭園

ひごほそかわていえん

細川家下屋敷の池泉回遊式庭園

[地図] p29-C-2

旗本の屋敷から熊本藩細川家の屋敷に変わったもので、もとは新江戸川公園と呼ばれていた。大きな池を中心とする池泉回遊式の大名庭園がつくられている。これだけの庭園が無料で公開されているのはたいへん珍しい。

正門は西側の角に位置し、松聲閣（しょうせいかく）と呼ばれる集会用の建物を左に見ながら正面の中門をくぐると池が見えてくる。この地は目白台という地名にもなった台地のふちに位置しているので、まさに「都会のオアシス」ともいうべき豊かな湧水（ゆうすい）に恵まれ、その湧水が遣（や）り水となって池に注いでいる。

池の真ん中よりやや東側に土橋、さらに東には石橋が架かっている。これが池を大池・中池・小池に分け、池を回遊して元に戻るまでに、雪見灯籠や州浜（すはま）、十三重の塔など、さまざまな眺めを楽しむことができる。

目白台地の急斜面は木立ちに覆われた自然の森の景色そのもののように見え、秋にはヤマモミジやハゼノキの紅葉が水面に映えるように工夫されている。

庭園の北東部には細川家に伝えられた古美術品などを収蔵・展示する永青文庫（えいせいぶんこ）につながる通用門がある。

冬の日本庭園　細川庭園には雪見灯籠がある。名は屋根に雪が積もったような形に由来するともいわれるが、台地の斜面を利用した庭園は、しみじみと冬景色を味わう雪見に向いている。

松聲閣　元は細川家の学問所だった建物で正門の近くに建つ。細川家の住まいに使われた時期もあるが、現在は休憩室・集会室として利用できる。2階には展望所「山茶花（さざんか）」がある。

第39景

清澄庭園

きよすみていえん

関宿藩久世家下屋敷を三菱財閥が整備

[地図] p21-B-2

元禄時代に材木の買占めと紀州ミカンで巨利を手にし、一代で使い果たしたという伝説の豪商・紀伊国屋文左衛門の屋敷跡と伝わる。享保の頃に関宿藩久世家の下屋敷となり、現在の庭の骨格となる大名庭園がつくられた。

全国から集められた名石　庭石も備中や讃岐の御影石など、全国の産地から巨大な名石が運ばれた。これは三菱財閥が日本郵船の海運事業で発展したことによるという。

ここは、一般の大名庭園に多い「池泉回遊式庭園」とは異なる「林泉回遊式庭園」に分類されている。池泉回遊式は池の周囲につくられた園路をめぐる庭なのに対し、林泉回遊式は池の周囲の林間で「築山や枯山水を鑑賞する」ことに力点が置かれ、江戸時代の大名庭園から明治に受け継がれたといわれている。

明治11年（1878）、清澄庭園は六義園と同様に三菱財閥の岩崎弥太郎に買い取られた。しかし、柳沢吉保のつくった庭がほぼそのまま残された六義園とは違って、清澄庭園はかなり荒廃が進んでいた。3万坪の土地に、岩崎弥太郎は大規模な造園工事を行なう。さらに工事は弟の岩崎弥之助、長男の岩崎久弥に引き継がれ、明治24年になって完成、「深川

江戸がわかる博物館・美術館

深川江戸資料館

江戸の暮らしを体感できる展示

[地図] p21-B-2

庶民が暮らした長屋や八百屋・米屋・火の見櫓・掘割・船宿など、天保期の深川佐賀町の町並みが実物大に再現・展示されている。生活用具に触れることもできる。江東区文化コミュニティ財団の運営。

深川佐賀町の町並みを復元　長屋木戸をくぐると、路地をはさんで両側に長屋が並ぶ。井戸・便所・お稲荷さんなど共有スペースもある。

築山と池　名だたる豪商の屋敷跡と伝えられるだけあって、清澄庭園は小さくまとめていない池や築山に特徴があり、島に渡る橋も大きい。庭を回遊するだけでちょっとした遠足気分が味わえる。

親睦園」と名づけられた。関東大震災では、ジョサイア・コンドルが設計した洋館が焼失するなど大きな被害をうけたが、多くの木立地に囲まれていたため住民の避難場所となった。

その後、庭園の東半分が大名庭園の面影を残す清澄庭園となり、西半分が清澄公園となった。このあたりは、寛政の改革の主導者松平定信の墓所がある霊巌寺や深川江戸資料館など、見所も多い。

霊巌寺　清澄庭園のすぐ近くにある名刹。元は霊岸島（現在の東京都中央区新川）にあった寺院で、明暦の大火後、深川に移転した。江戸六地蔵の第五番の地蔵菩薩像が安置されている。

第40景 赤門

あかもん

家斉の娘・溶姫輿入れの際の御守殿門

[地図] p11-C-3

百万石の大大名・加賀藩主の前田斉泰が十一代将軍・徳川家斉の21女の溶姫を正室に迎えた際、上屋敷に建てた門。将軍家から妻を迎えたときは朱塗りの門を建てる習わしで、赤門と呼ばれた。現在は東京大学の代名詞でもある。

赤門（旧加賀屋敷御守殿門）　文政10年（1827）建てられた。明治36年（1903）に15mほど西の現在の場所に移転。百万石の屋敷にふさわしく大型で、左右に番所がある珍しい型式。重要文化財。

戸山公園

とやまこうえん

愛宕山より高い山がある尾張藩下屋敷

[地図] p29-D-1

尾張徳川家の下屋敷跡だった戸山公園には愛宕神社のある愛宕山より高い築山(つきやま)が存在する。二代藩主・徳川光友(みつとも)が総面積13万6000坪の敷地に庭をつくったとき、大泉水の池を掘った土を盛り上げて、玉円峰(ぎょくえんぽう)と名づけ、のちにこれが箱根山と呼ばれるようになった。

今、池は残っていないものの、周囲に山や渓谷・橋・田畑などを配して小さな景勝地がつくられ、そのひとつが東海道五十三次の小田原宿の景色を模した町並みだったという。ここから箱根山の呼び名が生まれた。十一代将軍・徳川家斉が訪れて、庭園を大いに誉めたたえたという話が伝えられている。

しかし、幕末に災害で荒廃したまま明治維新を迎える。そして、明治6年(1873)からは陸軍戸山学校の用地となった。箱根山のふもとに「陸軍戸山学校址」の碑と事績を記した記念碑が建てられている。

また、「箱根山の登頂証明書を発行します」という戸山公園の変わったサービスがある。箱根山のある場所から1キロと少し距離はあるものの、公園のサービスセンターまで足を運ぶと証明書を発行してもらえる。

箱根山　山手線の内側で最も高い山とされる人工の築山。自然の山である愛宕山（25.7m）よりはるかに高く、44.6mある。テレビの怪獣番組などでロケに使われてきた。

穴八幡宮の流鏑馬　戸山公園の北東に隣接する穴八幡宮は、歴代将軍がたびたび参拝して流鏑馬(やぶさめ)が奉納された。戦後に復活した穴八幡宮の流鏑馬は、戸山公園に会場を移して催されている。

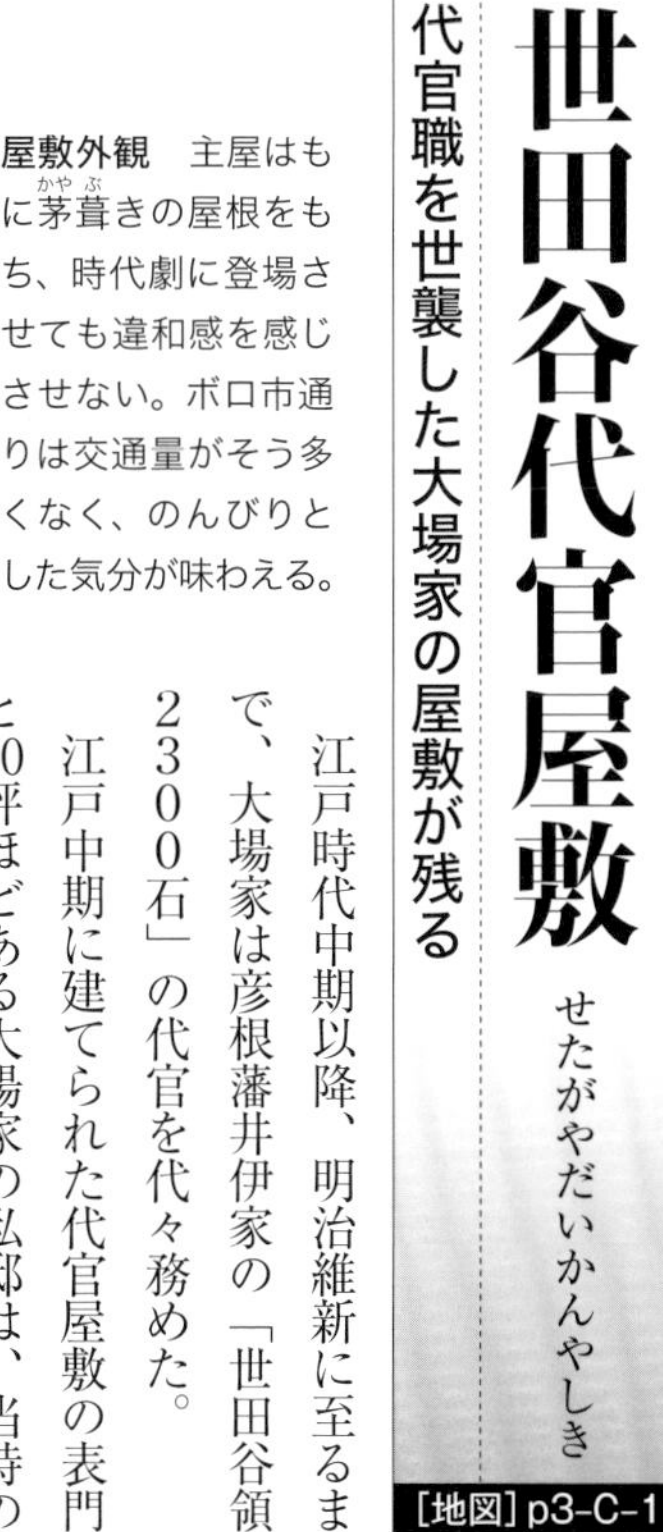

第42景 世田谷代官屋敷

せたがやだいかんやしき

代官職を世襲した大場家の屋敷が残る

[地図] p3-C-1

屋敷外観　主屋はもに茅葺(かやぶ)きの屋根をもち、時代劇に登場させても違和感を感じさせない。ボロ市通りは交通量がそう多くなく、のんびりとした気分が味わえる。

江戸時代中期以降、明治維新に至るまで、大場家は彦根藩井伊家の「世田谷領2300石」の代官を代々務めた。

江戸中期に建てられた代官屋敷の表門と70坪ほどある大場家の私邸は、当時の江戸郊外の地主や支配層が暮らしていた建物の様式であるといわれる。元文(げんぶん)4年（1739）から、私邸を代官所としても使うようになったという。

表門は、世田谷・ボロ市が開かれる通称ボロ市通りに面している。代官が裁きを行なう砂利を敷いた白洲(しらす)跡も残っており、主屋と表門は、住宅建造物では都内初の重要文化財に指定された。

敷地内に、区内の考古・歴史資料を収蔵・展示する世田谷区立郷土資料館がある。

第43景 一之江名主屋敷(いちのえなぬしやしき)

長屋門をもった名主田島家の住居

[地図] p2-B-5

江戸時代の初期に一之江の新田開発を行ない、元禄以降は名主を務めた田島家の屋敷。周囲に堀をめぐらし、茅葺きの主屋や長屋門(ながやもん)、蔵が残る。屋敷の防風林で薪の材料でもあった豊かな屋敷林が再整備されている。

長屋門　名主の格式を示した門構えの様式を伝える。長屋門は上級武士の住宅の表門とされていたが、やがて、名主・庄屋など苗字帯刀(みょうじたいとう)を許された家格の家にもつくられるようになった。

第44景

寛永寺

かんえいじ

比叡山にならい江戸城の鬼門に置かれた

[地図] p13-B-2

京都の「比叡山」に対して「東叡山」という対になる山号をもつ天台宗の寺院。寛永2年（1625）、徳川家康の側近で、宗教をはじめとする政策に深く関与していた天海僧正が開山した。比叡山延暦寺が京都御所の鬼門に建立された例にならい、江戸城の鬼門の方角にあたる上野台地の忍ケ岡の上に建立した。

天海は天台宗の僧侶で、生年は諸説あるが、寛永寺開山のとき90歳になっていたとする説が有力。家康・秀忠・家光の3代に政治的影響力をもち、徳川家を長く存続させるためにあらゆる策を講じた。寛永20年（1643）に死去したときは108歳という途方もない高齢だった計算になる。

現在の東京芸術大学や上野公園のほぼ全域にあたる広大な敷地をもっていた寛永寺は、幕府に庇護されて隆盛をきわめ、天海の死後は公海大僧正が後を継いだ。寛永寺には歴代将軍15人のうち6人が葬られており、増上寺とともに徳川将軍家の菩提寺である。

慶応4年（1868）、戊辰戦争の際に彰義隊の本拠が置かれ、その後の攻防戦で寛永寺は伽藍の大部分を消失した。それでも、江戸時代の建物では五重塔、京都の清水寺を模した清水観音堂、旧本坊の表門などが残った。

現在の本堂（根本中堂）は、かつて天海が住持を務めた川越の喜多院から移築された建物で、その本堂の裏には徳川慶喜が蟄居・謹慎した書院が残っている。

明治6年（1873）以降は旧境内の上野の山と不忍池を中心とする上野公園となり、大正時代から一般に開放された。寛永寺跡には動物園・博物館・美術学校と音楽学校（現・東京芸術大学）・日本学士院・日本芸術院など文化・学術・芸術の施設が集中し、都内屈指の桜の名所としても広く知られている。

旧寛永寺五重塔　上野動物園の構内にぽつんと建つ。寛永16年（1639）の再建以来場所は移っていないが、現在は東京都が所有しているため「旧」をつけて呼ばれる。

葛飾北斎「浮絵（うきえ）　東叡山中堂之図」「浮絵」とよばれる西洋の遠近法を取り入れた技法を用いて描いた根本中堂。元禄11年（1698）に、5代将軍綱吉の命で建立されたもの。このとき、紀伊国屋文左衛門が巨富を蓄えたと伝えられる。

根本中堂　元は上野公園の「大噴水」の場所にあったが、彰義隊と新政府軍との戦いで焼失。子院の大慈院に川越の喜多院の本地堂を移築して再建された。

上野大仏　何度も被災した大仏と仏殿が天保14年（1843）に再建されたが、関東大震災で大破。頭部だけ残ったものを昭和47年（1972）に安置。「これ以上落ちない」で受験生に人気を博す。

黒門　江戸時代は丸の内にあった鳥取藩池田家の上屋敷表門。徳川家康の次女の血を引く池田家は加賀藩前田家並みの待遇を受けた。国立博物館構内に移築され、黒門と呼ばれている。

徳川家霊廟　4代家綱・5代綱吉・8代吉宗・10代家治・11代家斉・13代家定の6人が眠る。徳川家霊廟は、以前は非公開だったが、書面による申込みで参拝できるようになった。

第45景 伝通院（でんづういん）

家康の生母伝通院の墓所がある

[地図] p11-C-1

戦国武将・水野忠政の娘で徳川家康の生母、於大（おだい）の方（かた）の墓がある。応永22年（1415）創建の寿経寺（じゅきょうじ）という浄土宗の寺院であるが、京都の伏見城で亡くなった於大の方の遺骨が埋葬され、その法名の伝通院が寺の通り名となった。

松平広忠（ひろただ）に嫁した於大は天文（てんぶん）10年（1541）に家康を産んだあと、水野氏が織田氏についたことから離別され久松俊勝（としかつ）と再婚。のちに於大は伏見城に招かれて、久松氏も徳川家の親族として遇されるようになる。

第46景 麟祥院（りんしょういん）

春日局の墓所がある菩提寺

[地図] p13-D-1

三代将軍・徳川家光の乳母の春日局（かすがのつぼね）が寛永元年（1624）に創建し、その墓所がある。カラタチの生け垣をめぐらしていたので「枳殻寺（からたちでら）」とも呼ばれる。春日局は稲葉正成（いなばまさなり）との間に3児をもうけるが、離縁して江戸城の大奥に入り、権勢をふるった。

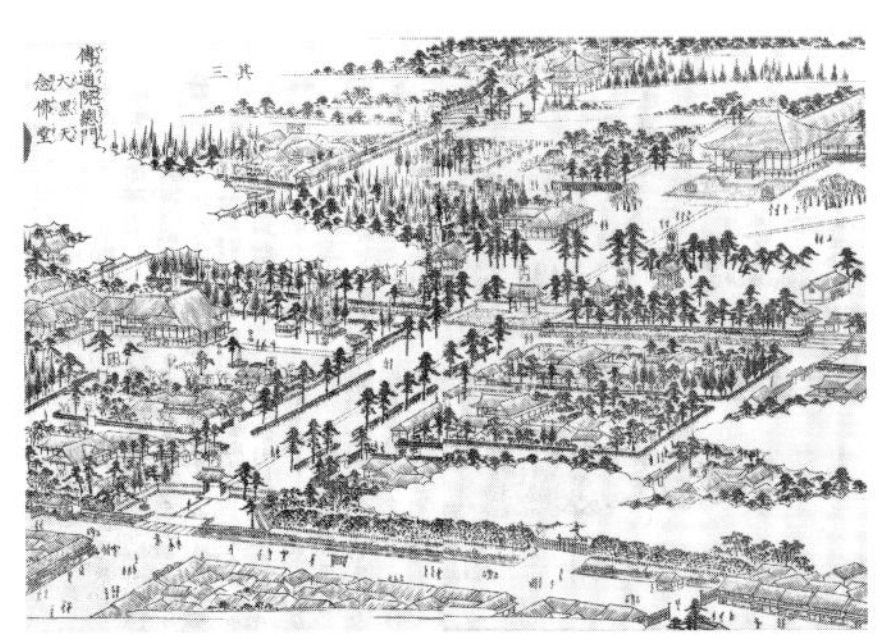

『江戸名所図会』「伝通院総門 大黒天 念仏堂」 描かれた伽藍の規模、さらには学寮と記された堂宇の数から、江戸時代は三霊山として寛永寺・増上寺と並び称された実情がうかがえる。

澤蔵司稲荷 伝通院の学寮で学んでいた澤蔵司（たくぞうす）という名の僧侶は、きわめて優秀だったが、その正体は狐だったという逸話を残す稲荷社。尻尾を見られて伝通院を去ったという。

春日局の墓所 春日局の墓石は僧侶の墓に多く見られる無縫塔（むほうとう）と呼ばれる卵形の塔身をもつ様式だが、なぜか四方に直径10㎝ほどの穴が貫通している特異な形になっている。

護国寺

ごこくじ

綱吉の母桂昌院が元禄10年に建立

［地図］p29-B-3

天和元年（1681）、五代将軍・徳川綱吉が将軍職を継いだ2年目に、生母・桂昌院が発願し、綱吉を産む際に安産祈願を叶えてくれたという上野国大聖護国寺の亮賢を開山とした真言宗の寺院。

江戸時代、高田と呼ばれていた目白台地の端にあたる地には1万8000坪の広大な薬園がつくられ、内外の薬草・薬木が栽培されていた。そこに護国寺が建てられることになり、薬園は廃止されてしまう。

元禄時代の本堂（観音堂）をはじめ、大名屋敷の表門型式の惣門や、八脚門をもつ丹塗の仁王門は創建時の建物が残されている。また、のちになって近江国の三井寺から移築された月光殿（日光院の客殿）は桃山時代建造の書院様式の建物である。

6本の手に、意のままに宝を出す如意宝珠をもち、六つの世界の衆生の願いを満たして救済するという本尊・如意輪観世音菩薩は江戸の大衆の人気を大いに集めた。が、明治維新後は徳川家の後ろ盾を失って急激に衰退し、敷地の半分ほどが政府に召し上げられ、皇族専用の墓地・豊島岡墓地となった。

『江戸名所図会』「護国寺」　創建から間もない元禄10年（1697）に建立された本堂が現存する。丘の斜面に広がる境内もほぼ原形が保たれ、江戸の面影を残す数少ない寺院として知られる。

惣門　綱吉と生母・桂昌院の御成りのためにつくられた門で、5万石以上の格式をもつ武家屋敷の様式で建てられている。現存する数少ない元禄中期の武家屋敷表門のひとつ。

第48景

増上寺

ぞうじょうじ

将軍家の墓所がある浄土宗の大本山

[地図] p23-B-2

三解脱門　慶長16年（1611）に創建、元和8年（1622）に再建された増上寺で最も古い建造物で重要文化財。三解脱門は三門とも呼ばれ、貪欲・瞋恚・愚痴の三悪からの解脱を意味する。

芝にある浄土宗の大本山。平安時代に真言宗の寺院として創建されたが、室町時代に浄土宗に改宗して光明寺を増上寺と改めたと伝えられる。室町から数えてもおよそ600年の歴史をもち、江戸市中で浅草寺に次いで古い寺院である。

関東に入った家康が徳川家の菩提寺として現在の地に移し、大規模な整備・拡張を行なって興隆した。江戸城の鬼門にあたる寛永寺に対し、芝の増上寺の方角は裏鬼門にあたる。

ともに6人（増上寺は秀忠・家宣・家継・家重・家慶・家茂、寛永寺は家綱・綱吉・吉宗・家治・家斉・家定）の徳川将軍が葬られている菩提所として増上寺は寛永寺と権勢を競い合い、京都にある浄土宗総本山の知恩院に勝るとも劣らぬ力を手にした。最盛期には3000名にのぼる学僧を抱えたと伝えられる。

増上寺では、松之大廊下の刃傷事件の

江戸がわかる博物館・美術館

増上寺宝物展示室

徳川家康公没後400年を記念して開設

[地図] p23-A-2

平成27年（2015）に、本堂地下1階に開設。本物の10分の1縮尺でつくられた二代将軍・秀忠の霊廟「台徳院殿霊廟」の模型が展示されている。これは明治43年（1910）、ロンドンの博覧会に出品された後に、長いあいだ英国で保管されてきた品物。

台徳院殿霊廟模型　展示の中心的存在、英国ロイヤル・コレクション所蔵の2代将軍・秀忠公の御霊屋模型は必見。

『名所江戸百景　芝神明増上寺』　右手が芝神明宮で、左奥が増上寺の大門。手前は江戸見物の一行で、その後ろは托鉢に出かける増上寺の修行僧。増上寺は東海道に近く、江戸見物の定番でもあった

大門(だいもん)　地下鉄大門駅のそばにある増上寺の表門。長らく所有していた東京都から増上寺に返還され改修された。

21年前の延宝8年（1680）に、浅野長矩(ながのり)の叔父にあたる内藤忠勝が永井尚長を刺殺する事件が起こっている。四代将軍家綱の77日法要の際の事件で、門の警備役を命じられた二人は、日ごろから仲が悪かったうえに、永井が内藤に老中の指示が書かれた奉書を見せなかったことなどが原因とされている。

　明治維新まで現在の芝公園や東京タワー、東京プリンスホテルの敷地を含む広大な寺領を有していたが、大半を政府に召し上げられた。戦闘の場となって主要な伽藍を失った寛永寺にくらべれば被害は少なかったものの、明治7年（1874）に神仏分離令による廃仏毀釈騒動のあおりで放火され、さらに第二次世界大戦時の2度の空襲で徳川家霊廟の建物や五重塔を焼失した。

有章院霊廟二天門　有章院はわずか7歳で夭折した7代将軍・徳川家継の院号。8代将軍・吉宗が建立した豪華な霊廟は二天門を残して焼失した。銅瓦葺きの八脚門で、広目天と多聞天が両側に安置されている。

第4章 江戸っ子の世界

〈第49景～第86景〉

本章で取り上げる「新江戸百景」は、多くの人を集めた盛り場や寺社などです。そうしたもののなかには、今も賑わっているところが数多くあります。

18世紀後半になると、江戸は人口100万を誇る世界でも有数の大都市になります。経済力を蓄えた富裕な商人だけでなく、一般の庶民たちも、それぞれの分に合った楽しみを見出すようになります。江戸っ子たちが楽しんだ名所や名店は、江戸にやってくる勤番の武士や旅人にとっては憧れの場所となりました。そして、こうした名所や名店を紹介するガイドブックが出されたり、名所を描いた浮世絵が人気になったりしました。歌川広重の『名所江戸百景』は、そうした江戸の名所絵の決定版といえるものです。

まず賑わったのが、多くの参詣客を集めた寺社です。門前には飲食店や名物を売る店が並び、それがまた、客を呼ぶようになります。祭礼のときに格別の賑わいをみせただけでなく、出開帳や勧進相撲、富くじといったイベントの会場とし

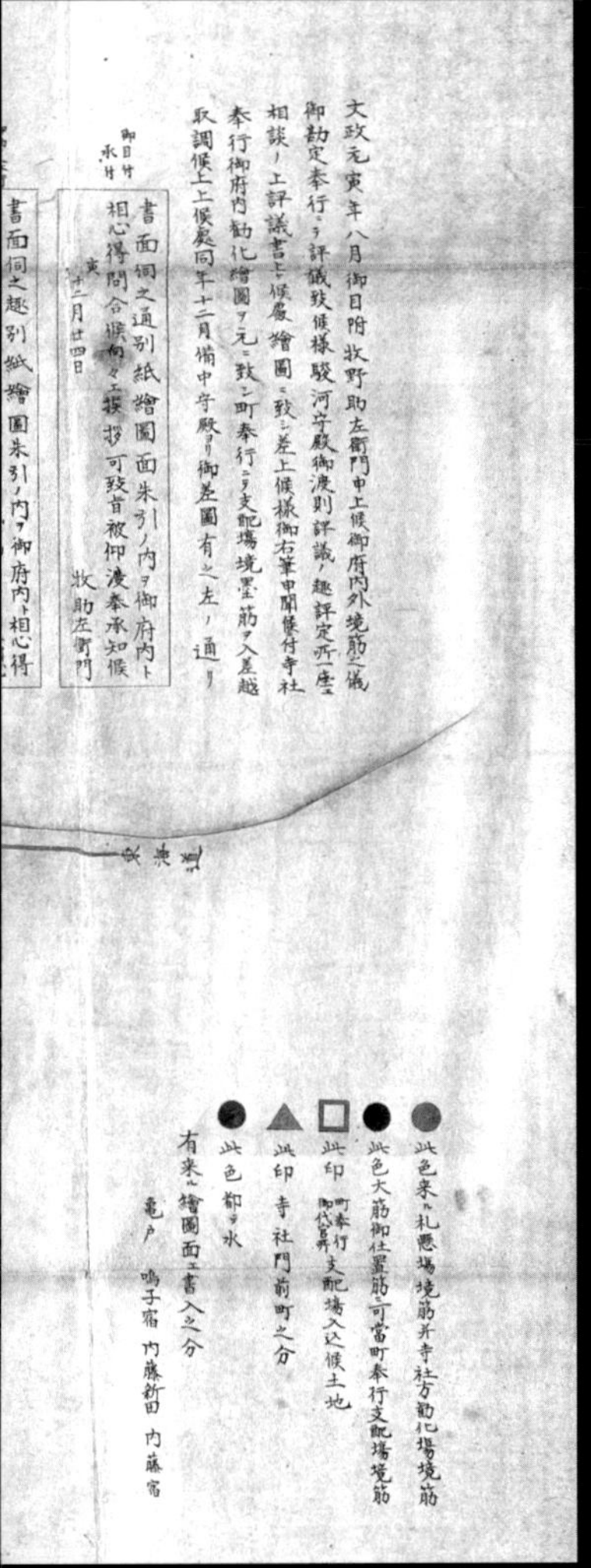

ても多くの人を集めました。

　また、火災の延焼を防ぐために設けられた広小路には、仮設の芝居小屋や見世物小屋などが建てられ、盛り場に発展しました。さらに、江戸の周辺部の景勝地も、行楽の地として人気を集めました。

　ここでは、「悪所」と呼ばれ、流行の発信地にもなった遊里と芝居町も含め、江戸っ子たちの楽しみを追体験できるようなスポットを紹介します。

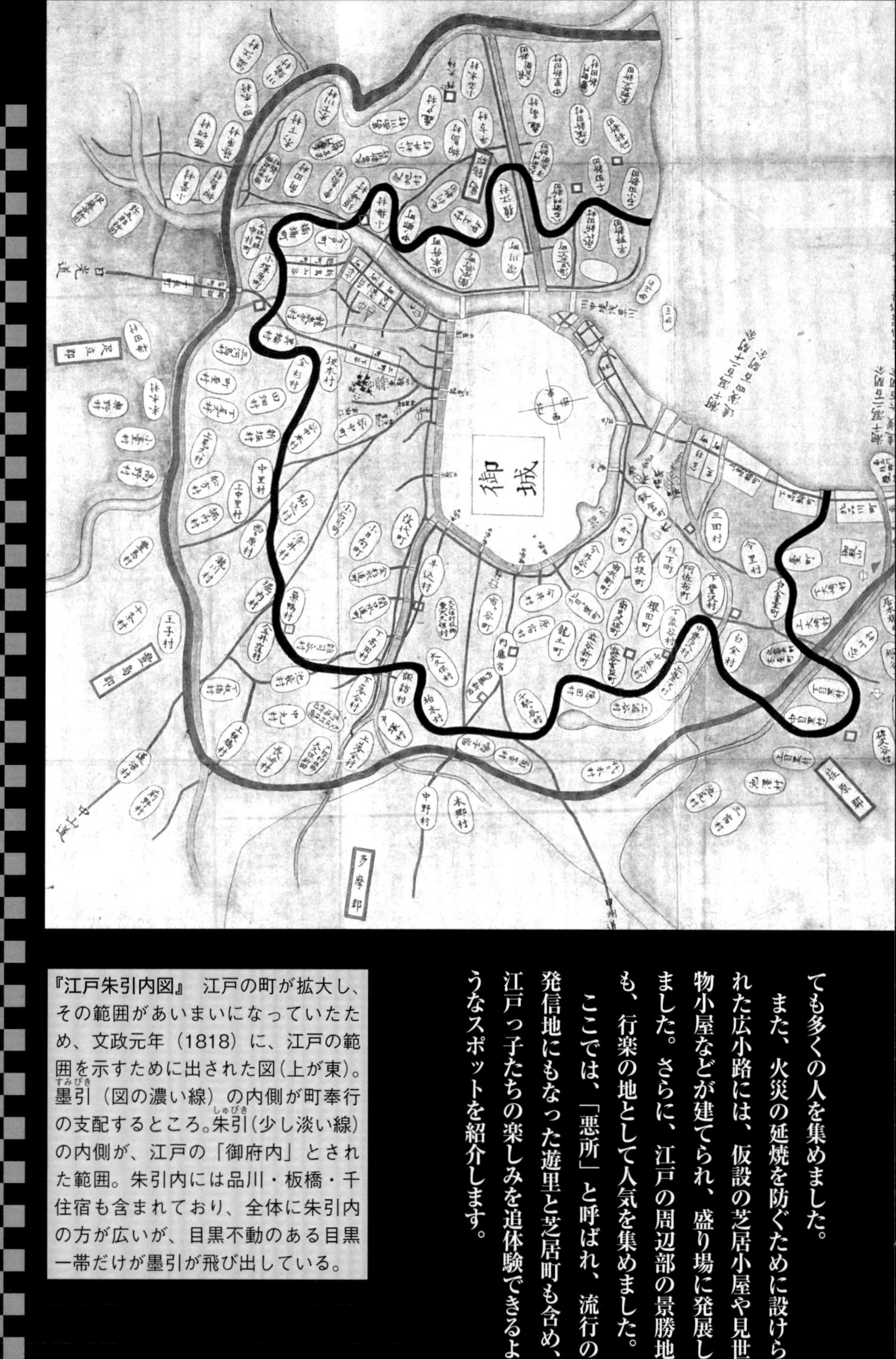

『江戸朱引内図』　江戸の町が拡大し、その範囲があいまいになっていたため、文政元年（1818）に、江戸の範囲を示すために出された図（上が東）。墨引（図の濃い線）の内側が町奉行の支配するところ。朱引（少し淡い線）の内側が、江戸の「御府内」とされた範囲。朱引内には品川・板橋・千住宿も含まれており、全体に朱引内の方が広いが、目黒不動のある目黒一帯だけが墨引が飛び出している。

浅草門前

あさくさもんぜん

雷門が建つ江戸有数の盛り場

［地図］p15-C-2

日本の大きな寺社では、門前町や鳥居前町と呼ばれる商店街がつくられ、寺社を訪れる参詣者を相手に商売が行なわれて賑わった。しかし、明治の神仏分離後も境内に寺と神社が同居し、町全体が浅草寺門前町といえる浅草で最も人出の多い仲見世は、ふつうの門前町とはいささか趣が違って、門（雷門）の後ろに店が並んでいる。

雷門（風雷神門）　右に風神像、左に雷神像を安置。この風水害除けの朱塗りの山門の大提灯が浅草のシンボルになった。幕末に火災で焼け落ち、約100年後に鉄筋コンクリートで再建された。

雷門から宝蔵門に至る表参道の両側に菓子や土産物を売る店が軒を連ねている仲見世は、貞享2年（1685）頃に、浅草寺が周辺の住民に境内の清掃を課す代わりに出店の許可を与えたことから始まったといわれている。

浅草は江戸を代表する盛り場へと大きく発展していくが、浅草寺の創建は飛鳥時代と古く、ここは江戸城が築かれる前から江戸で最古と目される門前町にほかならなかった。そして、浅草を通る日光・奥州道中が整備されて以降、その沿道は賑やかな市街地としてさらに発展していく。

幕府の米蔵・浅草御蔵が建てられると、蔵前通りに札差の商人たちが店を並べ、さらに日本橋の吉原遊廓も移転してくる。もともと武士も多く暮らしていた町なのだが、浅草寺を中心とする門前町は町人文化の発信地となり、武士とはものの考え方が違う独得の「下町気質」を生み出していく。天保12年（1841）には中村座・市村座・森田座の江戸三座も猿若町へ移ってきた。

高台を意味する山の手に対して、江戸の下町は、日本橋・神田・下谷・浅草・深川などの低湿地に発展した町を指している。なかでも富裕な商人と武士である役人、さらには一般の庶民が混在していた浅草は、江戸の舟運の要となった隅田川の両岸が市街地となって開けるとともに、商業の中心地として繁栄してきた日本橋から「下町一番の歓楽街」の座を奪い取るようになる。

現在、12月17日〜19日に開かれる「羽子板市」は、江戸時代の「歳の市（としのいち）」がもとになったものである。浅草寺の歳の市は、観音菩薩の納めの縁日である18日とその前日の17日に開かれ、男が買いにいくのが通例とされた。羽子板のほかに注（し）連飾り（めかざり）や破魔矢（はまや）、手鞠（てまり）などを売る店が出て賑わったという。羽子板は「邪気をはねかえす板」として女の子の成長を願うものとされ、正月の贈り物として江戸っ子に人気になったのである。

歌川広重『江戸高名会亭尽　浅草雷門前』 江戸時代半ばから浅草や両国には座敷や庭をもつ高級料亭が現われ、有名店は名所となった。右側の「亀屋」の２階は門前の賑わいを展望できるつくり。

駒形堂 浅草寺が開かれるきっかけとなったお堂。およそ1400年前、隅田川で漁をしていた漁師が網で引き上げたのが浅草寺の本尊・聖観世音菩薩像と伝えられる。

江戸がわかる博物館・美術館

江戸たいとう伝統工芸館

江戸からの職人の技　秀逸な伝統工芸に触れる

江戸時代に寺町、盛り場として賑わった台東区は職人の町としても繁栄した。江戸の下町に伝えられた江戸すだれ・桐たんす・江戸指物（さしもの）などの伝統工芸品、約48業種250点あまりを常設展示。職人が講師をつとめる「手づくり教室」が開催され、土曜・日曜には製作実演も行なわれる。

[地図] p15-B-2

ひさご通りに新装オープン 国内外に伝統工芸品を広く紹介するため、展示解説のスマートフォン対応や大型ディスプレイを導入。

第50景 浅草寺

せんそうじ

小さな観音様を祀る江戸最古の寺

［地図］p15-C-2

『江戸名所図会』「金龍山浅草寺」　大通りに面した雷門を中心に描いた全図をはじめ、5枚にわたって境内が詳しく描かれる。二十軒茶屋の並ぶ仲見世の道幅は今よりかなり広い。

飛鳥時代に創建されたと伝えられる江戸最古の寺院で、隅田川で漁師の網にかかったという聖観世音菩薩（浅草観音）を本尊として祀る。

「浅草寺縁起」によれば、隅田川で漁をしていた檜前浜成（ひのくまのはまなり）・竹成（たけなり）兄弟が黄金の仏像を引き上げ、土師中知（はじのなかとも）（土師真中知（まつち））が自宅に安置したのが、金龍山（きんりゅうざん）を山号にもつ浅草寺のはじまりと伝える。右の3人が三社権現の三社様である。

土師氏は菅原道真が出た菅原氏を派生した有力な中央豪族で、天皇陵の築造や古墳の上で行なわれる葬送儀礼を職掌としていた。中知の子孫は浅草寺の僧侶として三社権現（さんじゃごんげん）（浅草神社（あさくさ））の神職を世襲して現在に至る。

江戸時代は神仏が習合し、寺社が同一の境内に置かれ、神社の統轄・管理を社僧が行なうことが多かった。明治維新後の神仏分離令で三社権現は浅草神社として独立することになったが、寺と神社が一体となっている境内は以前とまったく変わっていない。

なお、江戸時代以来の浅草寺の建物は二天門と伝法院（でんぼういん）を除いて戦災で焼失した。二天門は、以前は江戸城に移された東照宮の随身門（ずいじん）だったといわれ、慶安2年（1649）頃の建造。

伝法院は浅草寺の本坊で、小堀遠州が手がけたという江戸時代初期の池泉（ちせん）回遊式庭園がある。普段は一般公開していないが、特別公開されることがある。

戦災で焼失した伽藍は、昭和33年（1958）の本堂から復興が進み、雷門・

本堂　震災・空襲で被害を被ってきたものの、五重塔が西方に移されたことを除けば、浅草寺はほぼ江戸時代の伽藍配置を守っている。本堂は今まで何度も再建を繰り返してきた。

宝蔵門　仲見世通りを越えた奥に建つ朱塗りの門。小舟町と記された大提灯が目立つ。仁王像のあることから以前は仁王門と呼ばれ、門の北面には魔除けの大草鞋がぶら下がる。

宝蔵門・五重塔が再建された。

　五重塔の北、本堂の北西一帯は江戸時代に奥山と呼ばれ、芝居・見世物・軽業などが行なわれて人気を博し、参詣者が一服する水茶屋が軒を並べていた。

　宝蔵門（仁王門）の南にも茶屋が並び、「二十軒茶屋」と呼ばれた。水茶屋のなかには看板娘のいる店もあった。評判の高い看板娘は、鈴木春信や喜多川歌麿などの絵師によって美人画に描かれ、今でいうアイドルのようにもてはやされたという。

時の鐘　宝蔵門の東、弁天堂のある弁天山の丘の上にある鐘楼。元禄5年（1692）につくられた鐘が現存し、江戸市中に時を告げてきた。現在も使われ、除夜の鐘も撞かれる。

三社権現

さんじゃごんげん

檜前浜成・竹成兄弟と土師中知を祀る

[地図] p15-B-2

浅草寺の境内で本堂と隣り合う場所に鎮座している。三社権現は三社様とも呼ばれ、現在の正式名称は浅草神社である。

浅草寺創建の逸話に登場する土師中知（真中知）・檜前浜成・檜前竹成の三柱が祀られ、祭神となっている土師氏の子孫が長らく浅草寺の社僧をつとめ、神仏分離以降は神社の神職に就任した。

社殿は三代将軍・徳川家光が慶安2年（1649）に寄進した本殿や拝殿が火災を免れて現存し、重要文化財に指定されている。

浜成・竹成の檜前兄弟が引き上げた観音像を槐の切り株に安置したという故事にちなんで槐を神木とする。

また、5月中旬の週末から3日間にわたって行なわれる例祭は、三社祭として全国的に名を馳せている。期間中は浅草の町が祭り一色となって、訪れる見物客は200万人近くにもなるという。

祭りでは五穀豊穣・商売繁盛・子孫繁栄を祈願する田楽「びんざさら舞」が奉納される。これは田植を芸能にした踊りで、鎌倉以来の伝統がある。竹や木を束ねた「びんざさら」という田楽や郷土舞に使う楽器を用い、さまざまな音を出して舞い踊るものである。

『東都歳事記　浅草三社権現祭礼』　三社神輿が船で隅田川を渡御する様子を描く。江戸時代の三社祭は、浅草の観音像が現れたとされる3月18日とその前日に行なわれた。

現在の三社祭　下町を代表する浅草一の祭礼として大勢の観客が参集。祭神の御霊を入れた「一之宮」「二之宮」「三之宮」の3基の本社神輿が初夏の町中を練り歩く。

猿若町

さるわかちょう

天保の改革以後に江戸三座が移転

[地図] p15-B-3

猿若町は、元は浅草聖天町（しょうでんちょう）といい、ほぼ現在の浅草6丁目に相当する。

江戸時代後期、天保の改革を行なった水野忠邦は綱紀粛正・倹約励行・風俗取締りをきびしく断行したが、とりわけ歌舞伎興行に対しては、弾圧ともいえる大幅な制限を加えた。七代目市川團十郎は「奢侈（しゃし）禁止令」に抵触するとの理由で、江戸の十里四方への立ち入りを禁じる「江戸十里四方追放」に処された。

『名所江戸百景　猿わか町のよるの景』 江戸三座が移転した猿若町は芝居小屋の立ち並ぶ名所となって大いに賑わった。広重は透視図法を駆使して月明かりが影をつくる情景を巧みに描いている。

さらに、繁華街の日本橋・銀座界隈にあった中村座・市村座・森田座の「江戸三座」を浅草寺裏の猿若町に移転させている。水野は三座の廃絶まで考えていたが、移転でおさまったのは、遠山景元（金四郎）の尽力によるものといわれる。

猿若町の町名は中村座を開き、江戸役者の祖とされる猿若（中村）勘三郎にちなむもの。天保の改革で歌舞伎は大打撃を被ることになったが、新しい芝居町として出発した猿若町は火事の被害に遭うことも減り、歌舞伎の興行はむしろ安定するという意外な成り行きとなった。

なお、天保の改革では戯作者の為永春水（ためながしゅんすい）が淫らな内容の人情本を出版したとして、北町奉行・遠山景元の取調べを受け、手鎖50日の刑を受けている。

第53景

待乳山聖天

まつちやましょうでん

真土山とも書く歓喜天を祀る本龍院

[地図] p15-B-3

隅田川右岸の小高い丘の上に、仏教の守護神で、もとはヒンドゥー教の神話の神だった歓喜天（かんぎてん）を祀るのが待乳山聖天である。歓喜天は象頭人身の男神と女神が抱き合う、仏教では珍しい性的な双身像として表わされ、待乳山聖天の境内にも巾着や大根といった性的な気配を濃厚にただよわせるシンボルが目立つ。

お寺は浅草寺の「子院」に位置づけられているが、本龍院と名乗っているのは金龍山浅草寺の山号「金龍」の本地とも主張しているからだ。

縁起によると、浅草寺の観音像の出現に先だって待乳山が一夜で出現し、そこに金龍が舞い降りて待乳山を守ったと伝えられている。

伝承に従えば浅草寺や三社権現と一体となった聖地と考えてよく、待乳山という呼び名は、「マツチ」とも読める浅草神社の祭神・土師真中知（はじのまつち）の名に通じる。

土師氏は古墳の築造を専門としていた古代豪族として知られ、隅田川を見わたせる待乳山（真土山）も古墳だったのではないかという説が江戸時代から唱えられていた。考古学的な発掘調査が行なわれたことはないが、人工的な丘に見えるのも確かである。

歌川広重『東都名所　真土山之図』 待乳山は標高が10mしかないが、このあたりでは眺望がよい地として知られた。そのためか、この絵の待乳山は実際よりずいぶん高く描かれている。

大根と巾着の石碑 境内には、石碑をはじめ、本堂入り口の装飾にも夫婦和合と良縁を表わすという大根と巾着が見られる。

第54景

小野照崎神社

おのてるさきじんじゃ

小野篁と菅原道真を祀る古社

[地図] p15-B-1

漢詩・和歌にすぐれ、書家としても知られた小野篁(おののたかむら)を祀る神社。篁は小野妹子の子孫にあたり、「家業」ともいえる遣唐使の副使を命じられたが、大使に任じられた藤原常嗣(ふじわらのつねつぐ)と争いを起こして乗船を拒否し、隠岐へ島流しにされたという逸話の持ち主である。

小野篁は冥土へ往来して閻魔王の役所の役人になったといった奇談に類する話も多いが、下野国(しもつけ)に足利学校を創設したという説も唱えられている。

篁は上野国(こうずけ)の国司の任期を終えて帰京する際、今は上野公園になっている忍ケ岡に立ち寄っている。その縁で、篁が亡くなったとき上野の神社に祀られ、江戸時代に同地に寛永寺の創建が決まると、今の地へ移転した。

現在の社殿は江戸末期の慶応2年(1866)に建てられた。下谷が多大な被害を受けた関東大震災と空襲でも焼かれずに残ったため、江戸時代の面影を今にとどめている。境内に築かれた富士塚と庚申塚(こうしん)もよく知られている。下谷一帯は寺町で、入谷鬼子母神(いりやきしもじん)(真源寺)も近い。

『江戸名所図会』「小野照崎明神社」 現在の小野照崎神社は、そう広くない境内に大きな富士塚や庚申塚、富士浅間神社(ふじせんげんじんじゃ)が密集しているが、名所図会の時代は境内にかなり余裕があった。

下谷坂本の富士塚 『武江年表』に「下谷小野照崎の社地へ、石を畳みて富士山を築く」とある。文政11年(1828)に築かれた富士塚で、保存状態がよい。

真源寺 鬼子母神を祀っている寺院として知られ、「恐れ入りやの鬼子母神」でおなじみの寺。7月の「入谷朝顔市」には大勢の人びとが集まる。

第55景

上野不忍池

うえのしのばずのいけ

琵琶湖に見立てられる寛永寺の池

[地図] p13-C-2

渓斎英泉『江戸八景 忍岡の暮雪』 中央が弁天島。手前の池畔には、男女の密会の場になった出会い茶屋が描かれている。

不忍池弁天堂 弁天堂は2階建ての六角堂。琵琶湖に浮かぶ竹生島にならい当初は舟で島に渡っていたが、参詣する人が増えたため橋が架けられた。

かつては寛永寺の境内であった上野公園の南西側にある池で、周囲はおよそ2キロある。地形からみると上野台地と本郷台地に挟まれた低地であり、温暖な気候で海面が高かった縄文時代には東京湾の入り江を形成した「海跡湖」の名残りと考えられている。そして、この不忍池の地に、かつては王子から古石神井川が流れ込んでいた。

上野台地と直結しているJR上野駅の公園口は上野駅の3階に相当する。不忍池が1階中央改札口の高さであることを思えば、2階分にあたる高低差がおわかりになるだろう。

古石神井川が流れ込んでいたのと同じ河道には、今は暗渠になっている谷田川（藍染川）が流れ、不忍池の先は忍川となって広小路を横切り、隅田川に注いでいた。藍染川の河道はクネクネと蛇行する道に痕跡を残し、歩いてみると「へび道」と呼ばれることが納得される。

徳川家康の側近の天海僧正は寛永寺を創建する際に、風水や陰陽道の思想によって伽藍配置を計画。寛永寺を比叡山、不忍池を琵琶湖（中国の西湖も重ねられ

清水観音堂　京都の清水寺から千手観世音菩薩像が天海に奉納されたのにちなんで、当初は今よりやや北の「すりばち山」に、清水寺と同じ舞台造りで建てられたと伝えられる。元禄時代に移築。

大黒天堂　朱塗りの弁天堂の北東側に空襲で焼かれなかった白壁の大黒天堂がある。豊臣秀吉が信仰していたという大黒天を祀っているため、「豊太閤護持（ほうたいこうごじ）」と記されている。

ている）、弁財天を祀る弁天島を竹生島（ちくぶじま）に見立てて境内を整備し、京都の清水寺（きよみずでら）を模して清水観音堂を建立した。

　また、不忍池は江戸時代からハスの名所とされたが、いうまでもなく、ハスの花は極楽を象徴している。

　不忍池には前からあった小島を大きくして弁天島（中之島）がつくられた。不忍池が琵琶湖なら竹生島にあたり、中国の西湖（せいこ）に見立てるなら中之島ということになる。島には橋が架けられ弁財天の参詣路となり、茶屋も設けられた。

『名所江戸百景　下谷広小路』　今も営業を続ける「松坂屋」の前身となる呉服店「伊藤松坂屋」前の賑わい。上野の山下、不忍池に続くあたりに設けられた下谷広小路は、両国・浅草とともに三大広小路のひとつとされた。

　市杵島姫命（いちきしまひめのみこと）信仰と習合していた江戸時代の弁財天は、明治の神仏分離令で大半が神社と名乗ったが、新政府軍との戦いの場となった上野の不忍池では、鳥居が撤去され、弁財天を「仏教の仏」として前面に押し出している。

　その後、上野公園で東京大正博覧会が開催され、上野と不忍池の景観は大きく変貌した。博覧会では、台地上の第1会場に対し第2会場となった不忍池に農業館や運輸館が設けられ、ふたつの会場はロープウェイで結ばれた。

湯島天神

ゆしまてんじん

江戸いちばんの天満宮

[地図] p13-D-2

正式な呼び名は湯島天満宮である。元は岩戸神話に登場する天手力男命（あまのたぢからおのみこと）を祀る戸隠（とがくし）神社だったが、南北朝の頃に菅原道真（すがわらのみちざね）が合祀された。太田道灌が再建したと伝えられ、徳川家康が江戸に入ってから徳川家の庇護を受け、大いに賑わうようになった。以前からの地主神は、摂社となった戸隠神社に祀られている。

唐門（からもん）　唐門とは屋根に曲線状の唐破風のある門のことで、桃山時代に流行した。梅園の脇に位置する唐門には、菅原道真の逸話から天満宮の象徴となった「梅」「牛」が配されている。

『名所江戸百景　湯しま天神坂上眺望』
男坂は天神石坂ともいう38段の急な石段坂。参詣路となるとともに本郷から上野に抜ける通り道でもあった。絵の奥にあるのは不忍池。脇にある緩やかな坂が女坂で、他に夫婦坂（めおとざか）もある。

菅原道真は学問の神とされたので、近くの昌平坂学問所から多くの参拝者が訪れた。門前には水茶屋や料理屋が並び、その面影は今も表鳥居前に残っている。

表鳥居は銅製で、台座の上部に唐獅子の装飾がある珍しいもの。鳥居の銘には寛文7年（1667）に建てられ、4年後に修理したことが記してある。

いっぽう、大勢の参拝客が訪れる神社として市も盛んで、富くじ興行の勧進元としても有名だった。富くじは寺社を普請する資金集めのために行なわれた。湯島天神・谷中感応寺（かんのうじ）・目黒不動（瀧泉寺（りゅうせんじ））が「江戸の三富」と称された。

菅原道真の「飛梅（とびうめ）伝説」にちなむ梅の名所であり、泉鏡花の『婦系図（おんなけいず）』の舞台「湯島の白梅」でも知られる。

谷中感応寺

やなかかんのうじ

天王寺と改称した不受不施派の寺

[地図] p13-B-2

日蓮の弟子・日源が応永年間（1394〜1428）に創建したと伝わる日蓮宗の寺院。谷中には多くの寺が集められて寺町がつくられ、三代将軍・徳川家光の寛永期に、感応寺は五重塔のある広壮な伽藍を誇っていた。

ところが、元禄期に幕府は日蓮宗の不受不施派を弾圧、感応寺は天台宗に改宗することで存続を許された。不受不施派は法華経の信者以外からは布施を受けず、施しもしないとうたい、邪宗としてキリシタンにも匹敵する禁圧を受けた宗派である。その後、天保4年（1833）に感応寺から天王寺へと寺名を改める。

富くじでも知られるが、これは檀家を失ったことによる収入減を補おうとして始めたといわれる。邪宗として禁圧されたにもかかわらず、富くじによって大勢の参拝客が押し寄せるようになり、門前は「いろは茶屋」と称された岡場所として、遊客で賑わうことになる。

行人坂の大火で焼けた五重塔は再建されたが、維新の上野戦争で五重塔をのぞく大半の伽藍を焼失。五重塔に隣接している谷中霊園の近くに住んだ幸田露伴が明治25年（1892）、『五重塔』を発表する。その塔は戦後になって、放火心中事件で焼失した。

『東都歳事記』「谷中天王寺富の図」 「江戸の三富」として賑わった富くじ興行の光景を描く。右の大提灯に描かれている百足は、天王寺の本尊・毘沙門天の使い。「客足が多い」御利益にも通じた。

天王寺大仏 元禄3年（1690）に鋳造の「天王寺大仏」と呼ばれる釈迦如来座像が天王寺の屋外に安置されている。『江戸名所図会』では本堂の左手に描かれている。

第58景

根津権現

ねづごんげん

六代将軍・徳川家宣の産土神

楼門　宝永3年（1706）に建造されたものが現存。入母屋造りの屋根がついた朱塗り2階建ての随身門で、右側の随身は徳川光圀（水戸黄門）をモデルにしているといわれている。

社伝には、日本武尊命が千駄木の地に創建し、太田道灌が社殿を建てたとの由緒がうたわれている。神社仏閣の多い「谷根千」地区でも古社として知られる。権現造りの今の社殿は、五代将軍・徳川綱吉が天下普請によって宝永3年（1706）に完成させた建物が現存し、本殿・拝殿・幣殿・唐門・楼門・透塀が重要文化財に指定されている。

境内の敷地は四代将軍・徳川家綱の弟で甲府藩主になった綱重（綱吉の兄）の屋敷跡である。綱吉の世継ぎになった六代将軍・家宣（綱重の長子）がここで一時期を過ごしたことから家宣の産土神とされた。江戸時代は素盞嗚尊を祀る神仏習合の権現で、根津権現と称された。

江戸の町では神田明神の神田祭と山王権現（日枝神社）の山王祭が、天下祭や御用祭と呼ばれて別格の扱いを受けた。神田祭と山王祭だけは、神幸行列の山車が江戸城の将軍に拝謁することを許されていたのだ。そして、根津権現も将軍たる徳川家宣の産土神にされたことから、正徳4年（1714）に一度だけ、天下祭に格上げされたと伝えられる。家宣はすでに世を去っており、その子の家継が将軍だったときのことである。

社伝には、「正徳4年江戸全町より山車を出し、俗に天下祭と呼ばれる壮大な祭礼を執行した。現存する大神輿3基は、この時家宣が奉納したものである。同じ格式による山王祭、神田祭とあわせ江戸の三大祭と言われている」と記されている。ただし、この格上げは持続すること

[地図] p11-B-3

家宣奉納の神輿　６代将軍・徳川家宣は、根津権現の祭礼を天下祭に格上げして行なうと決めると、３基の大神輿を神社に奉納した。このときの３基が現存する。

社殿　楼門と同じ時期に建造され、拝殿・幣社・本殿がつながって一棟になっている構造に大きな特徴がある。江戸の大火・震災・戦災を生き延びた貴重な文化財のひとつ。

なく、その後、現在まで、三大祭には数えられていない。

境内にはつつじ苑があり、フジツツジ・ハナグルマ・カラフネ（黒ツツジ）・ミシマツツジなど、多種多様な３０００株のツツジが花を咲かせる。４月から５月にかけての長い時期、鑑賞することができる。

透塀　楼門と社殿の間に唐門があり、唐門の両側と西門へつながる塀および西門の北側の塀に、透かし彫りがほどこされて透塀と呼ばれる。

神田明神

かんだみょうじん

平将門を合祀する江戸の総鎮守

[地図] p8-A-4

『名所江戸百景　神田明神曙之景』 境内の樹木と湯島の高台から東を眺めた早朝の風景が描かれている。見晴らしのよい境内は日の出の名所としても知られていた。

元和2年（1616）から現在の高台の地に鎮座し、「江戸の総鎮守」と称されている。ここで行なわれる神田祭は、江戸三大祭りのひとつに数えられている。神田祭は将軍に上覧するため江戸城に山車を入れることが認められていて、天下祭と称された。

社伝によると、天平2年（730）、現在の大手町にある将門の首塚のそばに大己貴命（大国主命）を祀る神社として創建されている。2度の遷座を経て、現在地に落ちついた。平将門の乱（天慶の乱）の後、将門の首塚周辺でたびたび祟りが起こったと考えられたため、その祟りを鎮めるために、延慶2年（1309）に平将門を合祀した。

徳川家康は関ヶ原の戦いの直前に神田明神で戦勝祈願を行なっている。奇しくも慶長5年9月15日の神田祭の当日に勝利を収め、これが決め手となって天下統一を果たすことができたので、その後、徳川家にとって特別の意味をもった神社となる。

天下祭「神田祭」は「神田明神祭」とも呼ばれ、江戸時代には山車の行列と神輿の行列に加えて、「附け祭」と呼ばれる奇抜な仮装行列が観客の人気を集めた。『江戸名所図会』の「神田明神祭礼」の図には、大江山の鬼退治伝説を材にとった巨大な鬼の首の張りぼてが登場、五月人形の題材にもされた金太郎（坂田

『江戸名所図会』「神田明神祭礼」　天下祭として隔年で行なわれた祭礼の目玉である練物を描く。鬼の首は大江山で退治された酒呑童子で、その後ろに坂田金時の持ち物らしいマサカリが見える。

金時）が続く。延宝9年（1681）以降は、神田祭と山王祭を隔年で交互に行なうようになった（神田祭は丑・卯・巳・未・酉・亥の年）。

神田明神は江戸の守護神と位置づけられ、明治7年（1874）には明治天皇の行幸があった。ただし、朝廷に対する反逆者を祀っている神社ということで、この行幸からしばらくの期間は平将門を摂社に祀り、代わりに少彦名命が祭神に加えられた。

関東大震災で焼失して、鉄骨鉄筋コンクリートで再建された社殿が、空襲を生き延びて現存している。

さらに、平成30年（2018）12月に総ガラス張りの神田明神文化交流館「EDOCCO」が建設され、話題を呼んだ。また、野村胡堂の時代小説『銭形平次捕物控』は神田明神下に住んでいる設定であり、境内に平次の碑がある。

明神男坂・女坂　明神石坂とも呼ばれる。眺めがよいため、毎年7月には月見の二十六夜待ちが行なわれた。男坂の南に位置する女坂のほうが、なぜか階段の勾配が急である。

力石　文政5年（1822）、神田仲町の柴田四郎右衛門が持ち上げたと銘文に記した力石がある。力石は力試しに使われた以外に、道祖神のような魔除けの依代ともいわれている。

第60景

日本橋通り

にほんばしどおり

大店が軒を連ねる江戸随一の商業地

『熙代勝覧』（部分） 絵巻には日本橋通りの西側にあった88軒の店と1671人の人びとが登場し、暖簾（のれん）の屋号から店を判別することができるほど詳しく描写されている。

南から日本橋へ入ってくる東海道は、江戸前島（えどまえしま）と呼ばれた半島の尾根筋を通っていた道を整備したものだ。江戸のメインストリートともいうべきこの通りは、道幅10間（約18メートル）の日本橋のあたりで左に少し方向を変える。アーチ状の橋の上は眺望がよく、西には富士山と江戸城が見渡せたという。橋から北へは、中山道などになる大通りが延びる。西側、直角に交わる道の先には富士山が望めたが、この眺めは、計画されたものとも考えられている。

日本橋は全国から江戸へやって来る人びとの目標とされ、今は中央通りと呼ばれる日本橋通りに面した奥行き20間の町人地（日本橋本町（ほんちょう））は、全国の文化が交流する場となった。五街道と運河によって各種の物産が集まると、問屋の倉庫が並ぶようになり、周辺の目抜き通りはますます賑わいを増していった。

平成11年（1999）にドイツで発見された絵巻『熙代勝覧（きだいしょうらん）』には、文化2年（1805）頃の日本橋通りが生き生きと描かれ、人間のほかに馬・牛・犬・猿まで登場している。大小の店が軒を連ね、多くの人が行き交う繁華街を描いたこの長大な絵巻の中で、日本橋通り最大の大店（おおだな）として描かれているのが三井越後屋（みついえちごや）（のちに三越百貨店）である。

創業者の三井高利（たかとし）は、商才がありすぎて親族に忌避されたともいわれる。50歳を過ぎて日本橋に越後屋を出店してから、「現銀（金）掛け値なし」と呼ばれる現金取引の定価販売で利益を上げた。

［地図］p7-B-2

越後屋は一般の客を大事にし、一日に千両を売り上げると評判を呼び、その繁盛ぶりは「芝居千両、魚河岸千両、越後屋千両」ともてはやされたといわれる。その後、呉服業から両替店にも手を広げ、為替業務でも大成功を収めて幕府の御用為替方となった。やがて、『熈代勝覧』に描かれたように、「丸に井桁に三の字」の暖簾印が外にずらりと並ぶ大店に発展していくことになる。

越後屋の先には、薬種問屋の長崎屋があった。幕府御用達の薬種問屋だった長崎屋は、日本橋本石町に店を構えた。長崎出島のオランダ商館長が江戸へやって来た際は宿を提供し、蘭学者で発明家の平賀源内が何度も訪れたという。

歌川広重『東都名所　駿河町之図』 日本橋本町に出店した三井高利は、10年後の天和2年（1682）、駿河町に本店を移転した。駿河町の名前の由来になったともいわれる富士山が真正面に描かれている。

「名水白木屋の井戸」碑 白木屋は近江商人・大村彦太郎が創業した、越後屋と並ぶ呉服店の大店。清水が湧き出す「白木名水」でも知られた。現在、コレド日本橋の広場脇に石碑が移設されている。

第61景

築地本願寺

つきじほんがんじ

明暦の大火で横山町から移転

[地図] p7-D-2

浄土真宗本願寺派の寺院。本山である京都の西本願寺の直轄とされ、かつては築地別院と呼ばれた。はじめは元和3年（1617）、第十二代准如（じゅんにょ）上人が横山町に「江戸海辺坊舎」を建立し、寛永2年（1625）に幕府の公認を得たが、明暦の大火で焼失。その後、八丁堀沖の埋立て地（築地）を代替地として移転が決まり、このときは、これまで築地の町づくりを行なってきた佃島の浄土真宗の門徒たちが造成に尽力している。

築地御坊（ごぼう）・築地御門跡と呼ばれた本願寺の本堂は西向きに建てられ、その後に場外市場となる場所には多くの寺院が集まって、寺町が形成されていった。

幕末になると、幕府は洋式の軍事訓練を行なう講武所（こうぶしょ）、さらに海軍士官を養成する軍艦操練所を築地に設置した。これらが明治維新後は築地の海軍用地として引き継がれた。

築地本願寺は関東大震災で焼失後、伊東忠太（いとうちゅうた）の設計で本堂を再建。同時に復興のための大規模な区画整理が行なわれ、元の海軍用地に日本橋にあった魚河岸が移転されることになった。

『名所江戸百景　鉄炮洲築地門跡（てっぽうずつきじもんぜき）』　遠景にも関わらず本願寺の大きな屋根がよく目立つ。手前は江戸湊（えどみなと）で漁を行なう漁師たちの船。築地本願寺は海上からの目印でもあったことがわかる。

本堂　昭和9年（1934）、東大教授・伊東忠太の設計で再建。鉄筋コンクリート造で、石造の外観は古代インド風の様式だが、本堂の内部は浄土真宗の形式を踏襲している。重要文化財。

柳森神社

やなぎもりじんじゃ

太田道灌が江戸の鬼門除けとして創建

[地図] p8-B-4

江戸城の鬼門除けとして、太田道灌が長禄2年（1458）に植樹した「柳の森」の鎮守として創建。神田川が切り通されたのを受けて、万治2年（1659）に現在地に遷座した。さほど広くない境内に合祀されたいくつもの摂社が、あたかも独立した神社のように鎮座し、不思議な雰囲気を醸し出している。

駿河国の浅間神社から勧請した富士宮浅間神社もそのひとつで、かつては富士信仰で賑わったことが「富士講石碑群」と呼ばれる石積みの痕跡から見てとれる。

狸を祀った「お狸さん」と呼ばれる福寿社も、信仰の場ではめったに見られない珍しいものだ。これは五代将軍・徳川綱吉の生母・桂昌院が創建し、明治になって合祀されたもの。春日局に見込まれ、八百屋の娘から三代将軍・家光の側室に迎えられた桂昌院にあやかり、「他をぬいて玉の輿にのる」という御利益をうたう駄洒落だったらしい。

神社のある土手は防水のために築かれた堤防であり、柳の木が植えられ、柳原土手と呼ばれていた。ここには多くの古着屋が軒を連ねていて、「柳原土手に行く」とはそれらを買いに行く意味だったといわれる。こうした経緯で、柳原はのちに繊維の問屋街に発展していく。

『江戸名所図会』「柳原堤」 実際はまっすぐ流れる神田川を湾曲しているように描いている。堤は日本橋の方面を水害から守るために南岸にだけ築かれた。古着屋などが出され、賑わうようになる。

「福寿神」鳥居とおたぬき様 柳森神社境内にある稲荷社の福寿社は、狸が狐の代わりをつとめ「お狸さま」と呼ばれている。5代将軍・徳川綱吉の生母・桂昌院が江戸城で創建したといわれる。

両国広小路

りょうごくひろこうじ

両国橋の西詰に設けられた火除地

明暦の大火で、橋がないばかりに逃げ場を失った多くの犠牲者を出したことから、幕府は隅田川に千住大橋につづく第二の橋・両国橋を架ける決断をした。その西のたもとに、防火を目的として設置された幅広い街路と広場が両国広小路である。

広小路には町屋は置かれず、仮設の建物しか認められなかったため、いつでも移動できる屋台（床見世）や興行を行なう小屋が集まった。葦簀張りの小屋は「見世」と呼ばれ、ここから曲芸・手品、珍しい動物、カラクリなど小屋掛けの興行が「見世物」と呼ばれるようになる。

広小路では道ばたで演じる軽業や大道芸（辻芸）も演じられたが、商品が取り引きされる市場の顔も備え、両国広小路は江戸いちばんの盛り場として発展する。花火が打ち上げられる夏の納涼が、とりわけ賑わいを見せた。『江戸名所図会』には葦簀で囲んだ大きな芝居小屋や楊弓場（土弓場）が描かれている。

[地図] p19-C-1

歌川国安『駱駝之図』 両国広小路の見世物になったヒトコブラクダについて、戯作者の山東京伝が解説を書いていて、ラクダの尿が霊薬であると記されている。

両国広小路跡の石碑 両国広小路の跡地は道路の幅こそ広いが、周辺はビル街に変わり、昔日の面影は残っていない。横断歩道の中間の生け垣に江戸の切絵図を彫りこんだ石碑がある。

歌川広重『江戸高名会亭尽　柳ばし夜景』 広小路のすぐ北で隅田川に注ぐ神田川河口の向こう岸が柳橋。料亭が並ぶ盛り場だった。眺めのよい2階の座敷は障子が開けられ、芸妓の姿も見えて、花街とわかる。

文政4年（1821）には、オランダ船がアラビアから長崎へ持ち込んだ雄雌のヒトコブラクダが両国広小路の見世物になる。さらに、文久2年（1862）には、アメリカ船がマラッカから横浜へ持ち込んだアジア象が同じく両国の興行師の手にわたって披露されている。

異国から海を渡ってきたこうした動物の見世物は、のちの動物園や博物館のような役割も果たすことになる。庶民の興味を引きつけて評判を呼び、数十万人の観客を集めたといわれている。ラクダと象は、その後も日本各地を10年以上にわたって巡業した。

両国広小路は江戸前の握り寿司の発祥の地という説も有力。その一方、明治維新前後に多くの軽業師がここから海外へ渡って活躍した。これらは、両国広小路で発達した大衆娯楽としての江戸文化が世界に通用する水準に達していたことを物語っている。

江戸がわかる博物館・美術館

江戸東京博物館

江戸の粋と賑わいを体感できる空間

江戸時代から第二次世界大戦後にかけての「江戸と東京の歴史・文化を伝える」資料を収蔵・展示。ことに常設展示室の入り口には実物大で復元した日本橋があり、渡った先には寛永時代の町人地や大名屋敷、幕末の江戸城御殿を縮尺模型で復元した町が広がる。国技館の隣にある。

［地図］p19-B-2

両国橋と両国広小路の復元模型　天保の改革前の賑わいを1500体の人形を配置して再現したもの。縮尺は30分の1。

回向院

えこういん

明暦の大火の犠牲者を祀る寺院

[地図] p19-C-2

振袖火事とも呼ばれる明暦3年（1657）の大火は、10万人を超える人びとが焼死するという大惨事となった。このとき、四代将軍・徳川家綱の命で犠牲者は「万人塚」に葬られ、その地に浄土宗の寺院・回向院が建立された。正式名称は諸宗山無縁寺という。

その後、水死者や焼死者などの無縁仏、さらに刑死者も葬られる寺となる。現在は鼠小僧次郎吉の墓があることでも知られる。境内では明和五年（一七六八）から勧進相撲と称して相撲の興行が催された。勧進相撲は富岡八幡宮などでも行われたが、文政10年（1827）以降は回向院がほぼ独占状態となり、「大相撲発祥の地」とされるようになった。こうして、田沼意次が側用人・老中を務めた明和～天明期には、両国は多くの大衆が集まる盛り場となった。

回向院は、出開帳という、普段は拝むことのできない他所の本尊や秘仏を運び入れて公開する寺としても広く知られた。近くに両国広小路の盛り場をひかえた便利な場所でもあり、江戸を代表する出開帳場所として賑わっていく。しかし、田沼意次の失脚と寛政の改革により江戸中に倹約令が出されると、出開帳はしだいに衰退していった。

『江戸名所図会』「回向院開帳」 回向院は江戸で公開される諸国の霊仏・霊神の開帳の中心地だった。そうなった理由として、「諸方より便りよき地なるゆえ、ことに参詣多し」と説明がある。

鼠小僧次郎吉の墓 大名屋敷を狙い、千両箱を盗んで庶民に分け与えた話から人気の高かった盗賊の墓。なかなか捕まらなかったので、墓石を削り取ると金運が上がるといわれてきた。

三囲神社

みめぐりじんじゃ

墨堤の端に位置する春の行楽地

[地図] p17-C-2

向島にある稲荷神社。俳人の其角が地元の人に頼まれて、「夕立や田をみめぐりの神ならば」という雨乞いの句を奉納したところ、翌日になって雨が降ってきたという言い伝えが残っている。

近江国三井寺の僧侶が改築したという話もある。そのとき、狐に跨る老人の神像が出土し、「三囲」の名は、狐が現われて周りを3回まわって消えたことに由来するという。

隅田川の方向から入った境内に三井家の屋敷から移設された石造りの三柱鳥居（三角石鳥居とも）が建っている。これは「三囲」という漢字2文字の中に「三井」が含まれていることから、三井家がこの三囲神社とのあいだに「特別な縁」があると感じたことにより、三囲神社は越後屋の本店や支店にも分霊された。

池袋の旧三越百貨店前にあったライオン像もこの地に移され、同じ境内に狐や狛犬と共存するという不思議な景観をつくりだしている。

江戸時代に大勢の花見客が訪れた墨堤にあったため、しばしば浮世絵の題材にされた。堤防より低い位置にある鳥居が頭だけのぞかせている構図が目立つ。

『江戸名所図会』「三囲稲荷社」 隅田川東岸の堤防を人びとがそぞろ歩き、堤防下に鳥居が立つ。そこからつづく松並木の参道の向こうに、広々とした田んぼに囲まれた三囲神社が描かれる。

三柱鳥居 上から見ると正三角形になるような三本柱のある不思議な鳥居。同じ形の鳥居が京都の蚕の社（木嶋坐天照御魂神社）の湧水井にあり、「三と井」の縁で三井家が親近感を抱いたらしい。

第66景

墨堤

ぼくてい

徳川吉宗が桜を植えた花見の名所

［地図］p17-C-2

墨堤は、本来は今の東向島白鬚神社から南へ延びる隅田川の自然堤防に沿った道を指していた。その後、享保2年（1717）に八代将軍・徳川吉宗が木母寺の南に100本の桜を植えたのをきっかけに植樹が積極的に進められ、向島の三囲神社の周辺までの広い範囲が墨堤と呼ばれるようになった。

江戸時代後期には「墨堤の桜」が江戸第一の花見の名所とうたわれた。人気が高まった理由は、桜の賑やかさに加え、川辺の景観や浅草・吉原の歓楽街に近いことなどが重なりあったためとみられる。

広重の『富士三十六景　東都隅田堤』は桜の咲く墨堤の先に隅田川と浅草寺、さらに遠景に富士山を配し、2人の美人姿を描いた。江戸時代に「花見の名所」と呼ばれたところは、じつは「着飾った美人を眺める名所」でもあったようすが伝わってくる。

堤の上は連れ立って遊びに来る女たちが観客の目を意識しながら練り歩く花道

墨堤の桜　墨田区立隅田公園を中心に、毎年「墨堤さくらまつり」が開かれ、多くの人を集めている。

江戸がわかる博物館・美術館

すみだ郷土文化資料館

隅田川を中心に栄えた独特の歴史と文化

［地図］p17-C-2

隅田川を中心に発展した江戸の伝統文化・風俗・歴史・民俗などの資料を収蔵・展示。歴史の古い向島と江戸期に町場になった本所の、現在に至るまでの流れを資料を通して紹介する。

墨堤の賑わい　花見客で賑わう明治末年の墨堤をジオラマ模型で再現。当時の墨堤を散歩しているような臨場感が味わえる。

歌川芳虎『東都名所八景　隅田川落雁』　屋台の出ている墨堤から対岸の待乳山・山谷堀方面を眺めた情景。隅田川を舟が行き交い、上空に冬の渡り鳥である雁の群れが見える。

東向島白鬚神社　天暦5年（951）、近江国の白鬚明神を勧請して創建したという猿田彦を祀る神社。周辺は江戸野菜「寺島ナス」の産地として知られた。

であり、自慢の衣装を披露する場でもあった。同じ花見の名所でも、寛永寺のある上野は鳴り物が禁止されていたが、墨堤は酒を飲んで騒ぐことも許された。

墨堤の北端にあたる木母寺は平安時代中期の開山といわれ、梅若寺とも呼ばれた。ここは狂女ものの謡曲『隅田川』に登場する梅若丸を弔うために建てられたと言い伝えられている。木母寺の南には源頼朝が創建したといわれる隅田川神社（水神さま）が鎮座する。

墨堤の南端にあたる三囲神社の近くには三代将軍・家光が井戸の水で腹痛を治したと伝えられる長命寺、そして中国風の趣の弘福寺がある。この一帯は墨堤のほぼ真ん中といってよく、山谷堀と三囲神社を結んだ「竹屋の渡し」にも近い。墨堤名物とされた「長命寺桜もち」や「言問団子」の店が、江戸時代から今に至るまで引き継がれている。

歌川広重『富士三十六景　東都隅田堤』　隅田川対岸の浅草寺の向こうに富士が見える。手前の2人の女性は向島の芸者衆。「竹屋の渡し」の船着場から来たと思われる奥の女性は、山谷堀の料亭有明楼の女将で、『名所江戸百景　真乳山山谷堀夜景』（→138ページ）にも描かれたお菊だともいわれる。

第67景

向島百花園

むこうじまひゃっかえん

江戸文人が集った文化人サロン

[地図] p17-B-3

文化元年（1804）、仙台出身で、骨董商として成功した佐原鞠塢（北野屋平兵衛）が東向島に開園した花園。春の梅や藤、夏の葛、秋の萩といった詩歌に登場する植物が多数植えられ、庭園も趣向をこらして整備、花屋敷とも呼ばれた。園主の佐原鞠塢はいわゆる文人趣味の持ち主で、四季の花を愛でることができる百花園は江戸の多くの文人墨客が常連客として通う社交の場となった。

俳味のある洒脱な画風で江戸琳派の祖となった酒井抱一は百花園の名付け親といわれ、幕臣で狂歌師としても知られた大田南畝（蜀山人）は庭門に掲げる「花屋敷」の扁額を書いたことが知られる。抱一は百花園に集まる客のために数寄屋造りの休憩所を設計。のちに十一代将軍・徳川家斉が訪れたため、この休憩所は「御成座敷」と呼ばれるようになった。

梅園から出発した花園に、文人たちが愛好する花や草木が集められた。やがて「秋の七草の名所」として評判を呼び、庶民も足を運ぶ行楽地となった。戦災に遭っているが、都立公園となった現在も、かつての趣は残されている。

歌川広重『東都三十六景　向島花屋敷七草』
江戸時代後期になると鉢植えなどの園芸が大流行する。庶民は豊富な野草が見られる百花園を訪れ、向島一帯には植木屋が増えたといわれる。

御成座敷　現在の建物は戦後の再建。10畳の「御成の間」、8畳の「中の間」、芭蕉の像がある8畳の「芭蕉の間」の3部屋からなる。設計した酒井抱一は松尾芭蕉を慕っていたという。

堀切菖蒲園

ほりきりしょうぶえん

江戸東郊の花菖蒲の名所

[地図] p2-A-4

今は東京都葛飾区が管轄する公園になっているが、かつて「江戸百景」に数えられた名勝地のひとつ。広重の錦絵にも登場した花菖蒲（はなしょうぶ）の名所である。200種6000株の花菖蒲が植えられているのをはじめ、梅・藤・冬桜・牡丹など四季折々の花を鑑賞することができる。

東京23区で最大の水郷公園・水元（みずもと）公園をもつ葛飾区は、水湿地を好む菖蒲に最適な環境とされる。江戸時代以降、この地にいくつもの花菖蒲園が栄え、いまも季節が来ると往時の風情が味わえるようだ。

教育委員会の説明によれば、室町時代に花菖蒲が伝来したという説と、江戸時代に堀切村の小高（こだか）伊左衛門がいろいろな場所から収集して植えたのが始まりという説のふたつがあるという。十二代将軍・徳川家慶（いえよし）が後継ぎの家定（いえさだ）を連れて鷹狩りをした折りに、ここに立ち寄った記録が残っている。

花菖蒲は6月上旬に見頃を迎え、その時期に合わせて、堀切菖蒲園と水元公園の2か所を会場に20日間にわたる「菖蒲まつり」が開かれる。

『名所江戸百景　堀切の花菖蒲』 前景に間近から眺めた数本の大きな花菖蒲を配して主題を際立たせ、その隙間から池のほとりの遠景が透けて見える大胆な構図を工夫している。

堀切水辺公園 荒川河川敷の堀切菖蒲水門の周辺につくられた公園。綾瀬川に架かる橋で堀切菖蒲園とつながる船着場が設けられている。花菖蒲田や自然草地がある。

亀戸天神

かめいどてんじん

うそ替え神事と藤で知られた天満宮

[地図] p2-B-4

社殿　男橋と女橋、ふたつの太鼓橋を渡った正面に建つ。寛文３年に建てられた旧社殿は昭和20年３月の東京大空襲で焼失、昭和54年に再建された。

全国の天満宮（天神）の総本社である九州の太宰府天満宮を模して、寛文3年（1663）に社殿がつくられた、菅原道真を祀る神社。

1月のうそ替え神事や藤の花で知られ、学問の神様として親しまれてきた。「亀戸の天神さま」や亀戸天満宮とも呼ばれるが、東宰府天満宮あるいは亀戸宰府天満宮と称した時代もある。

社伝には、菅原道真の子孫にあたる太宰府天満宮の神官が、天神信仰を全国に広めるため社殿建立の志をもって東国諸国をめぐり、江戸の本所亀戸村に元々あった天神の小さな祠に神像を祀ったのが始まりであると記されている。

また、明暦の大火後、四代将軍・徳川家綱は被害に遭った江戸の武家屋敷・神社仏閣などの復興に努めた。そのとき、熱心に天神を信仰していた家綱が亀戸の土地を寄進し、そこに太宰府天満宮にならって回廊や心字池をもつ天神社がつくられたという話も残されている。

本殿の手前には、「本所に過ぎたるものが二つあり、津軽屋敷に炭屋塩原」と俗謡にうたわれた豪商塩原太助が奉納した灯籠が現存する。

本来、天神とは国津神に対する天津神

太助灯籠　天明元年（1781）塩原太助が奉納したと伝えられる。太助は上野国出身で、単身江戸に出て苦労の末に豪商となった人物。私財を投じて道路改修や治水事業を行い、落語『塩原多助一代記』のモデルとされた。

を指す呼び名であり、天神を祀る神社の祭神が菅原道真というわけではなかった。しかし、九州に左遷され現地で道真が死んだ後に、平安京内裏の清涼殿が落雷に見舞われると、道真の怨霊（おんりょう）が雷神（天神さま）となって雷を落としたからだと考えられた。こうして「天神さま」と菅原道真が同一視された結果、天神は出世に御利益のある「学問の神」の性格を強め、全国に広められていった。

亀戸天神のうそ替え神事は、江戸時代には参拝に来た人びとが鷽（うそ）鳥の姿に似せた「うそ」と呼ばれるコケシ風の置物を交換する行事として行なわれた。その後、神社が新たなうそをつくり、うそを取り替えることで、これまでの悪いことを嘘にして、今年の吉に変じる意味があると神社ではうたっている。

『名所江戸百景　亀戸天神境内』　亀戸天神は梅も有名だったが、中島の藤棚の藤がより知られていた。広重の浮世絵はモネの作品『緑のハーモニー』に影響を与えた。

神忌祭（しんきさい）　旧暦２月25日の菅原道真の命日に行なわれる弔いの祭。松明祭（たいまつまつり）の別名があり、照明を落とした境内を藤棚に使われていた竹で作った松明を手にぐるっとめぐる神聖な習わしである。

境内の藤　初代宮司が植えたのが最初で、江戸有数の藤の名所となり、５代将軍・綱吉が訪れたという。花が盛りの４月中旬から５月上旬には、藤まつりが開かれる。

第70景

富岡八幡宮

とみおかはちまんぐう

江戸三大祭の深川祭が行なわれる

[地図] p21-C-2

深川祭　寛永19年(1642)に、幕命を受け、3代将軍・家光の長男家綱の世継ぎ祝賀のために行なったのが始まりという。毎年8月15日前後の開催で、3年に1度の本祭りでは八幡宮の御鳳輦の渡御が行なわれる。

江東区富岡に鎮座し、深川八幡宮とも呼ばれる神社。社伝によると、寛永4年（1627）には永代島の地に創建されたと記されている。

深川の一帯は、徳川家康が江戸に入った天正18年（1590）頃は隅田川河口の浅瀬が広がる湿地帯であり、現在の江東区富岡の付近にあった永代浦の「中洲」が永代島と呼ばれていた。

その後、摂津出身の深川八郎右衛門が隅田川東岸の開拓を進め、深川と名づけられた。明暦の大火以降は幕府の後押しもあり、水路の整備と湿地帯の埋め立てが進められた。永代島の周囲をはじめ、小名木川南岸まで埋立てが進むにつれて深川の人口は急増し、深川はそれまでの近郊農村から武家屋敷と町屋に変貌し、江戸市中に組み込まれた。

そして、広大な富岡八幡宮とその別当寺・永代寺の門前町は、深川の飛躍的な発展の核となった。

江戸にはいくつもの八幡宮があった。八幡神は源氏の氏神であり、源氏の末裔を称した徳川将軍家に尊崇されたが、なかでも富岡八幡宮は将軍家の篤い保護を受け、社伝によれば6万508坪の社有地を有する江戸最大の規模を誇った。

神社の成長は祭礼の拡大にもつながった。三代将軍・徳川家光に世継ぎが生まれたとき、幕府に祝賀を命じられて深川祭が始まる。そして、富岡八幡宮祭とも呼ばれる深川祭は、それまでふたつだけ別格だった神田明神の神田祭と山王権現（日枝神社）の山王祭と肩をならべ、江

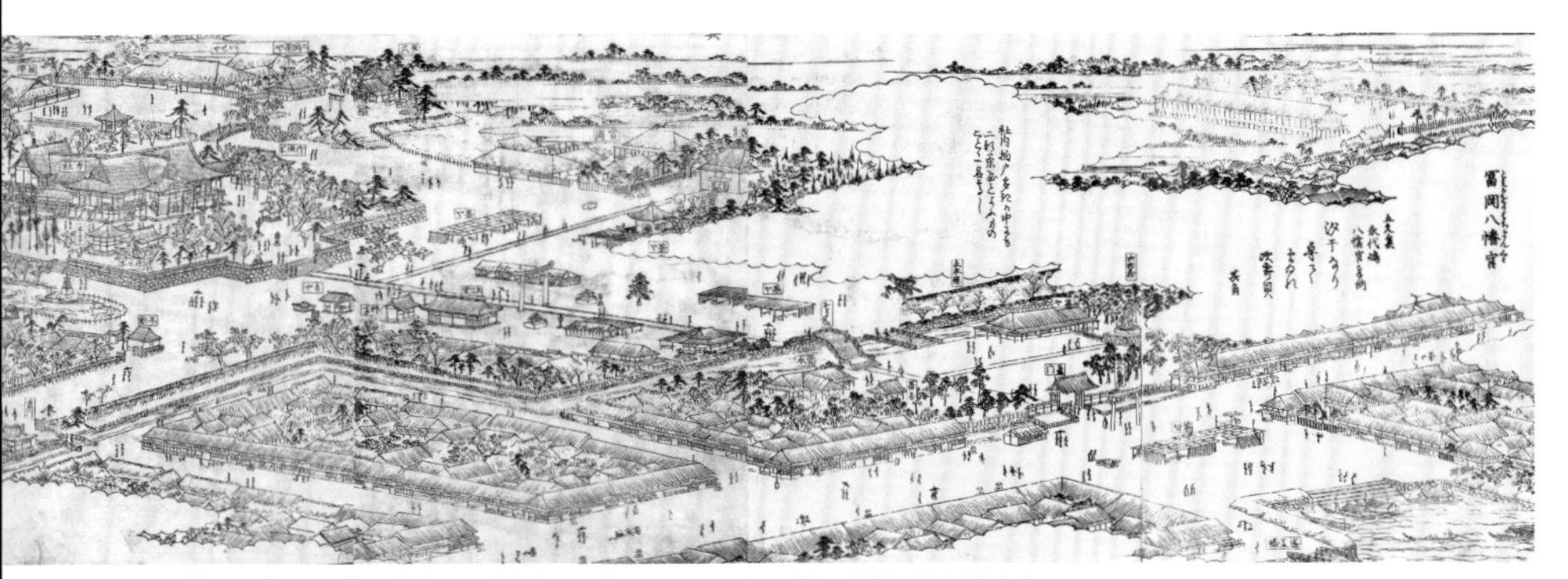

『江戸名所図会』「富岡八幡宮」 表門の二の鳥居前に船着場が描かれ、屋根船や猪牙舟(ちょきぶね)が停泊している。永代寺（富岡八幡宮）の門前町の通りは広く、整然としている。

戸三大祭に数えられるようになった。

江戸三大祭の特色は「神輿(みこし)深川、山車(だし)神田、だだっ広いが山王様」と言い表わされる。多発する大火からの復興をばねに発展してきた木場の財力を背景にもつ深川祭は神輿が大きく、金をかけた豪壮さが売りだった。

富岡八幡宮のもうひとつの特色が大相撲との深い関係で、貞享元年（1684）に、勧進相撲が行なわれている。勧進相撲は、もともと寺社の修復費用などを調達するためのものだったが、しだいに興行として発展していった。以来、今も新横綱はここで奉納土俵入りを行なう。

深川不動堂 正式には成田山東京別院という新勝寺（成田不動）の系列寺院。永代寺が廃寺になった後、以前から出開帳が行なわれていた縁で、空いた敷地に成田不動が分霊された。

歌川広重『東都名所　深川三拾三間堂』 『江戸名所図会』にも富岡八幡宮の東側に描かれているが、これは京都の三十三間堂を模した堂宇。最初は浅草に建てられ、焼失してここに再建されたもの。

第71景

日枝神社

ひえじんじゃ

天下祭の山王祭が行なわれる「お山」

[地図] p26-C-4

『江戸名所図会』「山王祭」 麴町壱丁目と読める背の高い「張りぼて」の山車が描かれている。その上には山王の使いの猿が神官の装束を身にまとい、御幣を手に立っている。

山王と称される「山の神」大山咋神を祀る神社。社伝によれば、平安時代末期に江戸の地を開拓した江戸氏が山王宮を祀り、江戸城を築いた太田道灌が文明10年（1478）に川越山王社（日枝神社）を勧請したことに始まるという。「山王さま」あるいは、たんに「お山」とも呼ばれる。

徳川家康が江戸城に入って城下町造りを開始したとき、江戸城内の紅葉山に遷されて「江戸城の鎮守」とされた。その後、二代将軍・徳川秀忠の時代に半蔵門に遷され、誰でも参詣できる神社になるのだが、明暦の大火で焼かれて、現在の赤坂の地に遷座。ここは江戸城の南西の方角に位置し、「江戸城の鎮守」として鬼門の反対の裏鬼門を守る役割が与えられたといわれる。

日枝神社は山王大権現の別名でも呼ばれたが、城を守ると同時に、「徳川家の産土神」とされたこともあって、江戸市中で最も格式の高い神社の地位を得た。

そのため、例祭・山王祭は、神田明神の神田祭と並んで天下祭（御用祭）という神幸行列の山車が江戸城の将軍に上覧を許される別格の扱いを受けている。

なお、天下祭はあまりにも華美になったこともあり、天和元年（1681）以降は、山王祭と神田祭を隔年で交互に行なうようになった（山王祭は子・寅・辰・午・申・戌の年）。

当社には、五代将軍・綱吉が幼少の頃に参詣して寄進した太刀が保管されている。鎌倉時代の備前の刀工・則宗の作で

山王祭の唐人行列　唐人姿に仮装した人びとが、巨大な「張りぼての白象」の山車を曳く行列が江戸城に入った。楊洲周延『千代田之御表　山王祭禮上覧』

山王鳥居　近江国坂本にある日吉大社の鳥居は笠木の上に「山」と読める合掌形の破風を載せている。山王社はこの合掌鳥居が多く、日枝神社の正門鳥居もこれにならっている。

『名所江戸百景　紀の国坂赤坂溜池遠景』　日枝神社の山下から四谷門に向かう坂は、西側一帯が紀州藩の上屋敷だったことから、紀伊国坂と呼ばれた。絵の左にあるのは、現在の弁慶堀。

国宝である。

6月15日の祭日には、神輿が茅場町にある御旅所（現在の日本橋日枝神社）へ神幸する。天保の改革以前の最盛期には60基を超える山車・練物が行列したと伝えられる。

御旅所は祭礼巡幸の際に神輿が立ち寄る休憩所で、山王祭では3基の神輿が逗留し、この地で祭祀も行なわれた。御旅所は、明治の神仏分離後は日枝神社の摂社となっている。

第72景

赤坂氷川神社

あかさかひかわじんじゃ

徳川吉宗時代の社殿が今に残る

[地図] p27-C-3

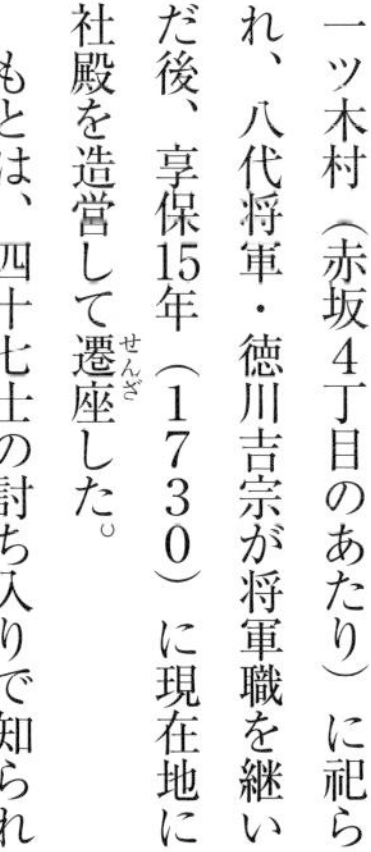

社伝によると、天暦（てんりゃく）5年（951）に一ツ木村（赤坂4丁目のあたり）に祀られ、八代将軍・徳川吉宗が将軍職を継いだ後、享保15年（1730）に現在地に社殿を造営して遷座（せんざ）した。

もとは、四十七士の討ち入りで知られる赤穂藩主・浅野内匠頭（たくみのかみ）の妻（夫の死後落飾（らくしょく）して瑤泉院（ようぜいいん）を名乗った）の実家の備後国三次（みよし）藩浅野家の下屋敷があった場所である。

氷川神社は、吉宗とその長子の九代将軍・家重が生まれ育った赤坂の紀州藩邸の産土神とされたこともあって、将軍家の保護を受けて、江戸にあったという七つの氷川神社の筆頭とされた。この「江戸七氷川」と呼ばれた神社は確定していないが、赤坂氷川神社のほか、麻布氷川神社・渋谷氷川神社・巣鴨の簸川（ひかわ）神社などが含まれていたようだ。

吉宗が寄進したという社殿は安政の大地震・関東大震災・東京大空襲の被災をまぬがれ、東京都重要文化財に指定された。また、樹齢400年の大イチョウは港区の天然記念物である。

境内東側に氷川坂、西側に本氷川坂がある。氷川坂は氷川神社のもとの正面に当たる坂で、本氷川坂は坂の途中の東側にかつて本氷川明神があったために坂の名になったといわれる。

社殿　享保15年（1730）に造営された朱塗り・総欅（けやき）づくり・銅板葺の社殿が現存。権現造の社殿としては装飾の少ない簡素な構造だが、重厚な風格をもつ色あざやかな建物である。

勝海舟邸跡　幕末から明治の時代に活躍した幕臣の勝海舟（かつかいしゅう）が、49歳から亡くなる76歳まで住んでいた屋敷跡。赤坂氷川神社に近く、有名な著作『氷川清話（ひかわせいわ）』の題名は、この地にちなむもの。

駒込富士神社

一富士、二鷹、三茄子の舞台

こまごめふじじんじゃ

[地図] p11-A-2

富士山を模してつくられた富士塚の上に建造された山岳信仰の神社。本郷の富士大権現が加賀藩上屋敷の敷地になったため遷座したといわれる。

富士山は修験者などに信仰される前の古い時代から、自然崇拝の対象になっていたと考えられるが、江戸時代には富士登山を案内する御師によって参拝の御利益が広められ、講を組んで富士山に詣でる信仰が爆発的に流行した。その江戸最初の富士講が駒込富士神社で組織されたとも伝えられている。

縁起の良い初夢とされる「一富士、二鷹、三茄子」の由来は諸説あるが、駒込富士神社の周辺に鷹匠屋敷があり、茄子は駒込の名産だったため、「駒込は一富士二鷹三茄子」と川柳に詠まれたという説が有力である。

富士塚は富士山の遙拝所であるとともに、塚を本物の山に見立て、白装束に金剛杖を携えて登れば御利益が得られる代理登山の山ともされた。そのため、江戸の各地に富士山をかたどった多数の富士塚が築かれ、高田富士・浅草富士・深川富士などと呼ばれるようになった。

『江戸名所図会』「富士詣」 駒込富士神社の境内では、6月1日の山開きの日に参詣者が富士塚に登った。このとき頒布される「麦藁蛇」を持って帰ると疫病除けになるといわれる。

富士神社の丘 社殿が建つ駒込の富士塚の丘は、延文年間（1356 ～ 1360）にはすでに塚があり、元は全長45m・高さ5.5mの古墳だったという説が有力視されている。

芝神明宮

しばしんめいぐう

だらだら祭りで知られるお伊勢様

[地図] p23-A-2

寛弘2年（1005）に創建されたという伊勢神宮の内宮（天照大神）・外宮（豊受大神）の神を祀る神社。元は飯倉山（芝公園）にあったと伝えられ、江戸時代は飯倉神明宮、「関東のお伊勢さま」とも呼ばれていた。9月11日から21日まで11日間にわたってつづく「だらだら祭」には「生姜市」が立った。

このように呼ばれたのは祭りの期間がだらだらと長いからだという。人気がないと長い祭は持続しないはずだが、本社である伊勢神宮の人気の高まりが背景にあり、こちらの芝神明宮にも大勢の人が押し寄せるようになった。

富士詣でをする余裕のない人が代わりに富士塚に登ったように、伊勢参りをする余裕のない人が、代わりに芝神明宮へ参拝しはじめた。「関東のお伊勢さま」という通称は参拝客を増やす惹句でもあったわけである。

神社が創建された頃、周辺で生姜が採れたので神前に供えられ、また生姜は風邪の予防に効き目があることから、祭の期間中に市を開いて生姜を売るようになったという。

文化2年（1805）に境内で起きた、力士たちと火消し「め組」の鳶との喧嘩は、講談や芝居の題材となっている。

『江戸名所図会』「飯倉神明宮祭礼」（部分） 境内は茶屋がたくさん並び、現在よりはるかに広い。しかも、祭礼中の境内は、歩くと肩が触れるほど混み合っている。かなりの人出があった様子がうかがえる。

だらだら祭り 9月16日を中日に、11日間も祭礼が続くことからこう呼ばれる。別名「生姜祭り」。噛むとぴりりと辛い生姜の薬効と厄除け機能が信仰の背景にあるといわれる。

神楽坂

かぐらざか

路地裏の随所に江戸の面影を残す町

[地図] p9-A-1

神楽坂は江戸城外堀の牛込見附（牛込門）から北西に上る神楽坂通りの坂道を指し、通りは神楽坂上にあった酒井家の下屋敷と牛込門のあいだを結ぶために開かれた。神楽坂の呼び名は、『江戸名所図会』によれば、周辺に多い八幡社の神楽に由来する地名のようである。

牛込門付近は、外堀（飯田堀）の内側も外側も旗本・御家人の屋敷地だったが、見附の北に神楽河岸と呼ばれる荷揚場が設けられ、物流の拠点となる条件を備えていた。

そして、神楽坂は毘沙門を祀る善国寺が移ってきた寛政期（１７８９〜１８０１）から縁日に人の集まる門前町として栄えはじめ、やがて岡場所も現われ、盛り場として発展する。

住人には、幕臣で文人・狂歌師として名声を博した大田南畝（蜀山人）がいた。御徒組屋敷に住んだ下級武士の出身でありながら、実務能力が認められ、勘定奉行配下の支配勘定に出世を遂げた。

江戸の地名が現在まで残る善国寺裏の袋町には幕末に寄席がつくられ、その東の見番横町は花街として発展した町である。周辺の路地には今でも料亭や割烹が目立っている。

歌川広重『東都坂尽　牛込神楽坂之図』 牛込見附の牛込門と牛込橋を背景とし、手前に神楽坂の坂道を描く。通りを歩く棒手振りや武士や町人の老若男女が巧みに描き分けられている。

善国寺 「毘沙門さま」とも呼ばれる日蓮宗の寺院。仏教の四天王・毘沙門天を本尊に祀り、年に3回だけ開帳される。寛政5年（1793）に現在地へ移転、神楽坂の顔となり門前町を形成した。

山谷堀

さんやぼり

吉原通いの通人が利用した運河

[地図] p15-B-3

隅田川の今戸・浅草聖天町から山谷に至る運河をこう呼び、元和6年（1620）に荒川をはじめとする治水事業の一環として開削された。その後、新吉原の遊廓へ通う水上路として遊客に利用された。彼らを乗せた猪牙舟とは舳先のとがった屋根のない小さくて細長い川舟の呼び名で、柳橋から吉原の遊廓へ通うのに用いられることが多かった。

吉原通いは「山谷通い」ともいわれ、猪牙舟は「山谷船」、山谷堀はたんに「堀」とも呼ばれた。舟は今のタクシーより贅沢な乗り物ではあったが、吉原へは山谷堀を舟で行くのが、陸路を歩いて行くよりはるかに優雅で粋とされた。

江戸末期には両岸に茶屋や待合が並び、この地の芸者は「堀の芸者」と呼ばれた。山谷堀の周辺そのものが花街になったのは、明暦の大火で焼け出された吉原の遊廓が、ここに一時的に移ってきたからだといわれている。

現在、山谷堀はすべて埋め立てられ、水の流れはない。日本堤から隅田川までのおよそ700メートルが山谷堀公園として整備されている。

『名所江戸百景　真乳山山谷堀夜景』 夜景なのでぼんやりしているが、明りの灯る建物は山谷堀の今戸橋を真ん中に向かい合う料亭（竹屋と有明楼）。その後ろに待乳山が見える。手前の女性は、有明楼の女将・お菊だともいわれる。

新吉原

しんよしわら

幕府が公認した江戸唯一の遊廓

[地図] p15-A-2

日本橋葭町にあった遊廓・吉原（元吉原）が明暦の大火後、浅草寺裏の日本堤に移転され、名を継いだ形で新吉原と呼ばれた。江戸で唯一の幕府公許の遊廓として、最盛期にはおよそ3000人もの遊女を抱えていた。

江戸は勤番の武士をはじめ独身の男性が多く、遊女屋が繁盛した。元和3年（1617）、幕府は外部と隔絶した廓内に遊女を置く遊廓の営業を公許する。

新吉原は周囲を大溝（お歯黒どぶ）で囲い、出入口は山谷堀側の大門だけにして、遊女たちをきびしく見張った。ただ、遊女は身体を売る娼婦ではあったものの、それだけの存在ではなく、読み書きや和歌に通じ、茶道や華道の修練を積むなど、高い教養の持ち主も少なくなかった。

吉原は落語の題材に取り上げられ、太夫や花魁と呼ばれた上層の遊女は浮世絵のモデルとなり、衣装や食べ物の流行を生み出すなど、江戸の風俗・文化の源となる。また、遊廓の中では客の身分は問われず、紀伊国屋文左衛門のような「お大尽」の豪遊が語りぐさになった。

『名所江戸百景　廓中東雲』　廓で一晩を過ごした男が、明け方（東雲）にほっかむりの手拭いで顔を隠して木戸を出て行くのを遊女が見送っている。桜の咲く春の新吉原の情景。

見返り柳　遊び帰りの客が後ろを振り返る場所として、新吉原の名所にされた柳の木。江戸時代は山谷堀の土手にあり、代替わりと植え替えを経て、今は碑とともに吉原大門の交差点脇に移されている。

品川宿

しながわしゅく

遊興の地でもあった東海道の第一宿

[地図] p25-A-2

江戸の南の入口・高輪大木戸を出て御殿山の下を過ぎれば、約2キロにわたって旅籠や商店が並ぶ品川宿である。目黒川の河口付近に設けられた東海道の第一宿で、現在も旧東海道の道筋が残る商店街になっている。

千住・板橋・内藤新宿と並ぶ「江戸四宿」に数えられたが、東海道は五街道の第一だから、江戸一番の宿場町といってよい。

古くからシラスなどの漁業で栄え、鎌倉時代には品川湊として陸海の交通の要所になった。

徳川家康が宿駅制度を整備して第一宿にすると、宿場町として飛躍的に発展した。江戸の玄関口にあたり、いざという時に兵を配置する目論みもあって、沢庵和尚が住持を務めた東海寺のほか、江戸六地蔵の第一番品川寺や紅葉の名所で名高い海晏寺など寺院が多かった。

神社も北の天王社（品川神社）と南の天王社（荏原神社）をはじめ、鯨塚で知られる利田神社や伊豆長八の鏝絵が残る寄木神社などの古社が目立つ。

品川宿は目黒川を挟んで本陣のある北品川宿と脇本陣のある南品川宿に分かれていた。北品川にはのちに「歩行新宿」が加えられた。宿場町の「歩行人足」の役を負担させる代わりに、遊客相手の飯盛女（名目は給仕だが夜の相手も務めた）を置く旅籠を認可したものである。

参勤交代の諸大名一行をはじめ、神社仏閣をめぐる行楽客も立ち寄る品川宿は遊所（岡場所）としても大いに賑わうようになり、幕府公許の「北の吉原」に対して「南の品川」と称された。「海晏寺真っ赤なうそのつきどころ」という川柳があるように、寺社参詣や紅葉見物などに名を借りて、飯盛女のいる飯盛旅籠で楽し

北の天王社（品川神社） 徳川家康が関ヶ原の勝利を祈願した古社。祈願が成就してから家康が奉納した「天下一嘗の面」や石柱に双龍を彫った大鳥居などで知られる。

歌川広重『東海道五十三次　品川日乃出』 北側から見た品川宿が描かれ、東（左）には海が迫っていた。舟が着ける旅籠屋もあり、お忍びの客が舟で通ったという。街道を行くのは大名行列の最後尾。

『江戸名所図会』「六月六日品川牛頭天王御輿洗の図」 南の天王祭の海中渡御の様子を描いている。波を受けて被った烏帽子や鉢巻が取れたらしい「ざんばら髪」の男たちが、いかにもリアルで面白い。

品川寺の地蔵菩薩 江戸六地蔵の第１番。門前に高さ4.5mの地蔵菩薩が立つ。慶応３年（1867）のパリ万博に出品された梵鐘は行方不明になったが、のちにジュネーブで見つかり返還された。

むという人も珍しくなかった。

天保14年（１８４３）の『宿村大概帳』によると、町屋の人口６８９０人のうち男性が３２７２人、女性が３６１８人だった。女性のほうが多いのは接客業に従事する者が多いためである。ふつうの旅籠が19軒に対して、飯盛旅籠が92軒もあり、さらに水茶屋が64軒あった。品川は、江戸っ子の遊興の地として発展したのだった。

第79景

東海寺

とうかいじ

広大な寺域を誇った家光創建の巨刹

[地図] p25-A-2

万松山東海寺は寛永16年（1639）に三代将軍・徳川家光が師と仰いだ沢庵宗彭のために創建した禅寺。臨済宗大徳寺派に属する。一説には、沢庵が京都に帰ることを怖れた幕府が、沢庵を江戸の近くに留めるために建てたという。

住持となった沢庵は、正保2年（1646）、73歳で示寂、墓をつくるなという遺戒に反して墓地が整備された。その後も将軍家の篤い帰依を受け、享保元年（1716）には塔頭が17院に及び、歴代将軍が鷹狩りの際に立ち寄ったという。

4万7000坪を超える寺域を誇ったが、明治以降は徳川家の支援がなくなり衰退、さらに鉄道により寺域が分割された。しかし、五代・綱吉の母桂昌院が家光の冥福を祈るため寄進した梵鐘などから往時の栄華が偲ばれる。本堂にあたる世尊殿は昭和5年（1930）の建立。

寺の西方の大山墓地には、沢庵和尚のほか、賀茂真淵・服部南郭・渋川春海などの墓があり、違う場所に、家光に殉死した老中堀田正盛の墓もある。さらに近隣には、熊本藩細川家や中津藩奥平家などの墓所がある。

沢庵の墓　沢庵石を模したといわれる自然石を墓石としている。沢庵宗彭は「沢庵漬け」を考案したとも江戸にもたらしたとも伝えられているが、定かではない。

江戸がわかる博物館・美術館

品川区立品川歴史館

品川に視点を置いて江戸の歴史を概観

品川区には日本考古学発祥の地といわれる大森貝塚があり、品川宿は東海道第一の宿場である。この歴史館は大森貝塚の近くにあり、宿場の町並みの復元模型をはじめ、原始・古代から現代までの品川区一帯の歴史・資料を展示している。

品川宿の復元模型　南北500mにわたる宿場の中心部の賑わいを復元。別に、旅籠の一部も原寸で復元されている。

[地図] p25-C-1

第80景

目黒不動

めぐろふどう

江戸五色不動の筆頭・天台宗瀧泉寺

[地図] p3-C-2

上野寛永寺と同じく天台宗の寺院で、幕府の手厚い保護を受けていた。不動明王を本尊として祀り、江戸に目黒・目白・目赤・目青・目黄の5か所あったといわれる「五色不動」の中でいちばん名が知られている。

天海僧正の進言で三代将軍・徳川家光が五つを選んだという説も唱えられているが、定かではない。ただ、目黒には鷹狩りの場があり、将軍が鷹狩りのついでに目黒不動に立ち寄ることは少なくなかったという。ということから、この地において落語『目黒のさんま』の噺がつくられたとの説もある。

正式には泰叡山瀧泉寺といい、幕府の保護もあって多くの参詣者で賑わう江戸庶民の行楽地となった。門前町が栄え、境内は門前町ができた目黒川の西に広がる低地と本堂の建つ高台に分かれ、その地形に特色がある。男坂の急な石段の先に建つ本堂には、山の斜面につくられたあたかも清水の舞台を思わせる懸造構造を見ることができる。

人の集まる目黒不動は、富くじ興行の勧進元となり、湯島天神・谷中感応寺とともに「江戸の三富」と称された。また、蘭学者の青木昆陽の墓があることでも知られる。

本堂 傾斜の急な石段を登ると懸造風のつくりが取り入れられた建物に至る。鉄筋コンクリート造だが、堂宇は高くて広い。石段上の回廊から裏へ回ると大日如来像が出現する。

独鈷の滝 瀧泉寺という寺名の由来となった湧き水。縁起には慈覚大師円仁が独鈷を投げて発見し、独鈷の滝と名づけたとある。都内では数少ない涸れない湧き水といわれる。

洗足池

せんぞくいけ

武蔵野台地の湧水で生まれた景勝地

[地図] p3-D-1

東急電鉄池上線洗足池駅の目の前に広がる池。武蔵野台地先端から湧き出る北千束の清水窪湧水（清水窪弁財天）などを水源とする。

千束の地名は平安時代から確認することができ、「稲千束」という石高の単位に由来するとも考えられている。「せんぞく」と呼ばれたことから、病身の日蓮上人が、死の直前にあたる弘安5年（1282）、身延山から本門寺に向かう途中に立ち寄り、池で足を洗ったという「洗足」の伝承が生まれた。

『名所江戸百景　千束の池袈裟懸松』　妙福寺（元の御松庵）に近い池のほとりに、日蓮上人が袈裟を掛けたという伝説の残る枝振りのよい松があり、その木を中心に描いている。

池の北西の千束八幡神社の境内には、宇治川の合戦で知られる名馬「池月」の像がある。この地に陣を構えた源頼朝が捕らえた野生の馬で、毛並みが池に映る月のようだとして名付けたと伝えられる。

広々とした池の風光明媚な景色が愛された洗足池は、都内では珍しい江戸時代の面影を今に残す公園として名高い。池の水は中原街道と洗足池駅の下をくぐって「洗足流れ」と呼ばれる池上用水を流れ、東海道新幹線の線路の南で呑川に合流し、蒲田の先で東京湾に注ぐ。

幕末に、勝海舟が西郷隆盛と江戸城無血開城の話し合いに赴く途中で、洗足池に立ち寄っている。景色が気に入って別邸を構えたのみならず、遺言によって別邸裏の台地に葬られた。

歌川広重『江戸近郊八景　池上晩鐘』 本門寺の参道と門前町・惣門、石段の上の本堂・五重塔などを描く。石段は加藤清正の寄進で、96段は「法華経」宝塔の章の96文字にちなむという。

第82景

本門寺

ほんもんじ

西郷と勝が会談したとされる名刹

日蓮宗の「四大本山」の一つ。総本山の身延山久遠寺に次ぐ格式をもつとされる。通称は池上本門寺。弘安5年（1282）10月、身延山から常陸の湯治場へ向かっていた日蓮上人が、信徒の池上宗仲の館に立ち寄り、ここで入滅したという日蓮宗の聖地で、西郷隆盛と勝海舟がここで会談したとされる。

滞在期間中、館の裏山に建つ法華堂を本門寺と命名したという。のちに池上宗仲は土地を寄進し本門寺の基礎を築く。

日蓮の命日の10月13日に至る3日間、毎年「お会式法要」が営まれ、数十万人の参詣者で賑わう。御会式には徹夜で行なわれる説法があり、命日前夜の12日には各地から集まった信徒たちが万燈や提灯を掲げ、団扇太鼓や鉦を叩きながら周辺を練り歩く習わしである。

江戸時代の初期、日蓮宗の不受不施派に属した本門寺は、受不施派の久遠寺と論争し、江戸城で行なわれた幕府の裁決で久遠寺の支配下に置かれた。この池上本門寺と身延山久遠寺の論争は「身池対論」と呼ばれ、敗れた本門寺にとっては大きな打撃となった。

本門寺五重塔 慶長12年（1607）に建立された関東に現存する五重塔で最古の塔。慶長19年の地震で傾き、東側の現在地に移築された。

[地図] p3-D-1

雑司ヶ谷鬼子母神

ぞうしがやきしもじん

安産・子育の神として人気

[地図] p29-B-1

この地で掘り出された「鬼子母神像」を納めた東陽坊が、日蓮宗法明寺と合併し、現在、鬼子母神堂は法明寺から少し離れた飛地の境内に位置している。本殿は寛文4年（1664）の建立。加賀藩・前田家から広島藩・浅野家に嫁いだ満姫が寄進したといわれる。

鬼子母神は、訶梨帝母ともいう元来は暴虐なインドの鬼女（夜叉神の娘）で、多数の子どもを食べていたが、過去の過ちを悟り、釈迦に帰依し仏教の守護神となった。日本では密教が盛んになるにつれ鬼子母神信仰が広まり、やがて安産・子安の神として信仰されるようになった。江戸では「恐れ入谷の鬼子母神」の真源寺と雑司ヶ谷鬼子母神が、この女神を祀る寺として知られた。

平安時代から続く古い信仰であるものの、鬼子母神が法華信仰の守護神たる役割が法華経に記され、日蓮上人がこの神を重要視したため、とりわけ日蓮宗で大事に信仰されてきた。日蓮宗では鬼子母神は安産・子育の神にとどまらず、門徒の守護神とされる。

樹齢700年を誇る高さ約30メートル・幹周り約10メートルの大イチョウがシンボル的な存在で、都電荒川線の鬼子母神前駅へ向かう参道にはケヤキ並木がある。こちらにも樹齢400年を超えるものが含まれる。

『江戸名所図会』「雑司谷鬼子母神堂」 中央の鬼子母神堂の北に法明寺、南に参道と門前の茶屋の賑わいを描く。「門前両側に酒肉店多し」と解説されているのが興味深い。

鬼子母神堂 鬼子母神は大きく分けると神社ではなく寺院に分類される。が、法明寺の本堂から距離があり、境内に鳥居が目立つため、神仏が習合した江戸時代の景観をしのぶことができる。

柴又帝釈天

しばまたたいしゃくてん

矢切の渡しに近い庚申信仰の名所

[地図] p2-A-4

正式の呼び名は経栄山題経寺という葛飾柴又にある日蓮宗寺院。縁起によると寛永6年（1629）に開創された。

日蓮上人が板の片面に法華経、他面に帝釈天像を彫ったという本尊が存在したが、江戸時代に所在不明となっていた。帝釈天は四天王を率いる仏教の守護神のひとりである。その本尊を、中興の祖とされる日敬が、本堂修理の際に見つけ出している。それは庚申の日の出来事だったため、庚申信仰と結びつけられ、ここから帝釈天の庚申の縁日が盛んになったと伝えられる。

また、日敬は天明の飢饉の際、本尊の板を背負って庶民が苦しむ江戸や下総をめぐった。このとき本尊を拝んで霊験を授かった者のあいだに帝釈天信仰が一気に広まり、「柴又帝釈天」への参詣者が増えたという。

明治以降も矢切の渡しに近い門前町として参詣者で賑わい、団子屋や川魚料理店などが軒を連ねた。とくに渥美清主演の映画『男はつらいよ』シリーズが人気を集めてからは、東京でも有数の観光名所として知られるようになった。

帝釈天二天門　入母屋造りの屋根をもつ2階建ての楼門。建立されたのは明治時代だが、大阪府堺市の妙国寺から寄贈された平安期の二天像（増長天・広目天）を安置している。

矢切の渡し　江戸時代初期から葛飾区柴又と千葉県松戸市下矢切を往復する渡し船。江戸川の両岸に農地をもつ人びとのための「農民渡船」が始まりだという。現在も運行を続ける。

名主の滝

なぬしのたき

「王子七滝」でただひとつ現存

赤羽から王子にかけての地は、荒川の南に位置する武蔵野台地の東端にあたり、崖線と呼ばれる湧き水の豊富な崖の地形を形成した。名主の滝は王子村に住んでいた名主の屋敷内にあり、江戸時代から一般に開放され、涼しさが味わえる避暑地になっていたといわれる。

王子の周辺には不動の滝・弁天の滝・権現の滝・稲荷の滝・大工の滝・見晴らしの滝・名主の滝があり「王子七滝」と総称された。江戸時代には寺社の参拝を兼ねた「滝浴み」が流行し、七つのうちで、滝野川（石神井川のこのあたりの呼び名）のほとりの正受院という寺にあった不動の滝が最も人気を集めたという。

七滝は今、「名主の滝」しか残っておらず、じつは名主の滝も戦災に遭っている。その後、「名主の滝公園」の開園に合わせてポンプで汲み上げる滝として、男滝・女滝・独鈷の滝・湧玉の滝の四つが復元され、男滝だけが稼働している。回遊式庭園が整備され、「王子七滝」でただひとつ現存。「滝浴み」が味わえる名主の滝は、かろうじて江戸の景色が引き継がれている貴重な遺産といってよい。

[地図] p31-A-1

『名所江戸百景　王子音無川堰棣　世俗大瀧ト唱』　今は音無親水公園となった深い渓谷の底を流れる滝野川（音無川）を描く。上流の地に滝のように見えるのが題にある堰で「王子大堰」の名がある。

名主の滝公園　園内は滝が一つだけになっているが、これほど樹々がうっそうと茂っている公園は23区では珍しい。

第86景

王子稲荷

おうじいなり

諸国の狐が参集する伝説を残す

[地図] p31-A-1

荒川がその呼び名の通り暴れ川だった時代に、荒川の岸辺に鎮座していた王子稲荷は岸稲荷とも称された。その頃、稲荷の近所に広がる田畑に榎の木があり、毎年大晦日の夜になると諸国から狐が参集。榎の木の下で装束を整えて、王子稲荷にお参りしたと言い伝えられる。そのため、この榎は装束榎とも称された。

また、王子稲荷は狐火の現れる名所としても知られた。狐火とは夜間に怪しい明りが灯っているように見える現象を指すが、連なった狐火が嫁入り行列の提灯を思わせることから「狐の嫁入り」とも表現されてきた。人びとは大晦日の夜の狐火の火を見て、翌年の農作物の豊凶を占ったという。

稲荷神社は本来、穀物神を祀るものだが、江戸時代に入ると稲荷は商売繁盛や家業の守り神と見なされるようになった。その結果、さまざまな階層の人たちに信仰されることになったのである。女に化けた狐が人間に騙されてひどい目に遭う落語『王子の狐』もよく知られている。

歌川広重『東都三十六景　王子稲荷』 現在は王子稲荷境内に幼稚園がつくられて景観は変化しているが、この錦絵から以前の姿を想像できる。石段の傾斜なども写実的に描かれている。

王子稲荷の拝殿　彩色のほどこされた派手な拝殿は文政5年（1822）の建造で、11代将軍・徳川家斉が寄進したもの。屋根の構造も複雑で、建物のいたる所に凝った意匠が見られる。

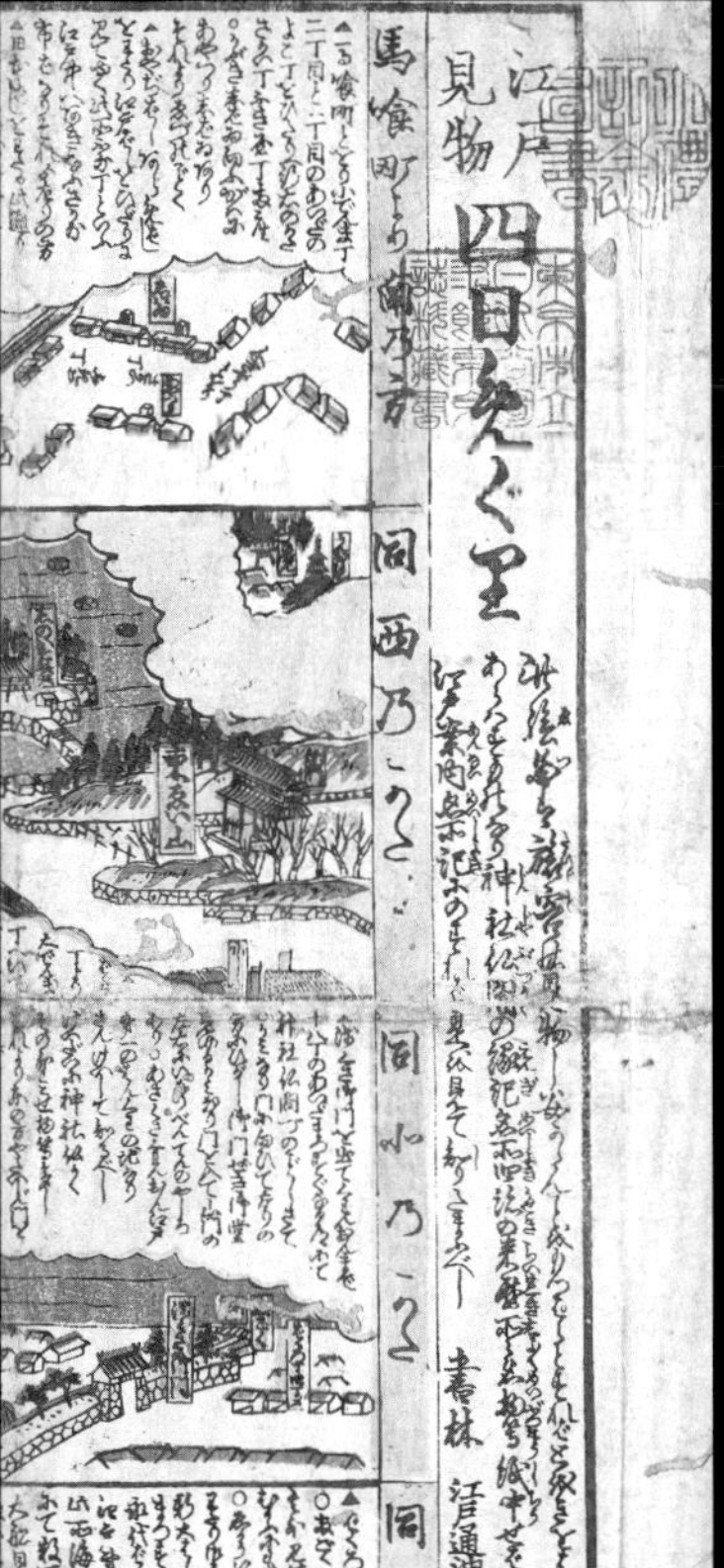

第5章 歴史と伝説の舞台

〈第87景～第100景〉

260年を超える江戸時代には、多くの事件が起こりました。また、文芸の発展を受けてさまざまな伝説が広まっていきました。今に残る江戸の名所のなかには、歴史や伝説によって生まれ、のちの人々の間に定着していったものも少なくありません。この章で取り上げるのは、そうした歴史や伝説にまつわる「新江戸百景」です。

江戸時代の長い歴史のなかで、江戸っ子の耳目を最も集めた事件は、元禄15年（1702）12月に起きた赤穂浪士による吉良邸討ち入りでした。太平の世を揺るがしたこの事件は、『仮名手本忠臣蔵』に代表される芝居に脚色されて人気となるとともに、浅野長矩と四十七士の墓所がある泉岳寺をはじめ、事件に関係する場所も人々を集めるようになっていきます。

嘉永6年（1853）、ペリーが黒船を率いて来航、太平の世が終焉に向かいます。黒船の来航から戊辰戦争に至る幕末の動乱は、京都をはじめ日本全国を舞

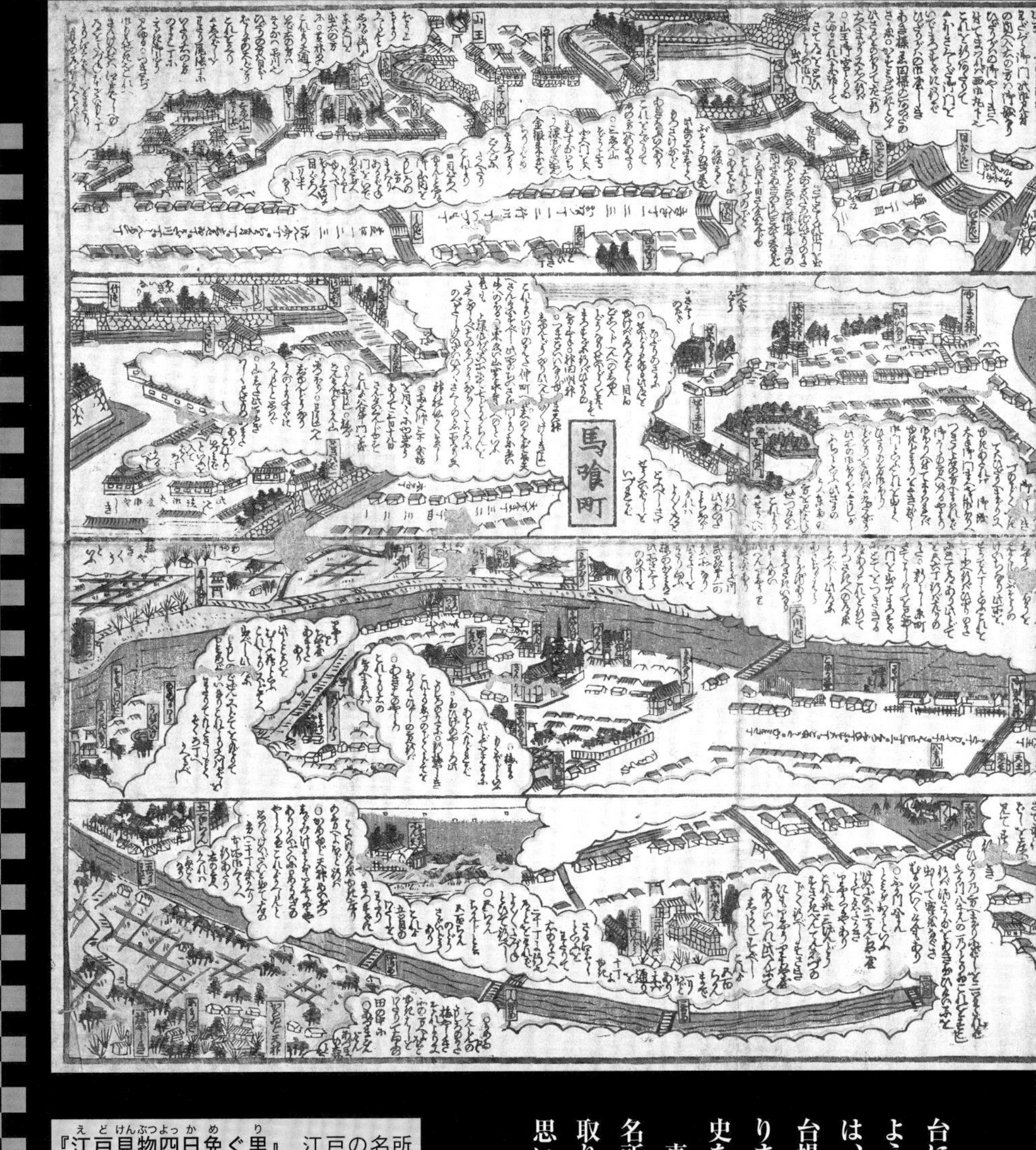

『江戸見物四日免ぐ里』 江戸の名所めぐりが盛んになると、多くのガイドブックやちらしがつくられた。これは、江戸の名所を４日間で回れるように、旅籠街だった馬喰町を起点に東西南北の４コースを設定したもの。東コースは、本所・深川から亀戸天神まで。西コースは、九段・神田・湯島・上野など。南コースは、赤坂・築地・日本橋と芝方面。北コースは、浅草・向島方面を紹介している。

台にするもので、江戸でも歴史を動かすような事件が続きました。そうした中には、黒船来航後に突貫工事で築造された台場など、のちに名所になるところもありました。鈴ヶ森や小塚原の刑場も、歴史を語る舞台といえるでしょう。

真偽はともかく、将門の首塚をはじめ、名所となった伝説の舞台を含め、本章で取り上げるスポットからは、江戸時代に思いを馳せることができるでしょう。

歌川国芳「誠忠義士聞書之内 討入本望之図」（『曽我忠臣蔵錦絵并番附集』より）
討ち入りの決行当日、吉良邸の表門に梯子をかけて浪士たちが邸内に侵入していく様子が描かれている。屋根には雪が積もっている。

第87景

吉良邸跡

きらていあと

忠臣蔵の討ち入り決行の屋敷跡

[地図] p19-C-2

赤穂事件で討ち入りが決行された吉良邸跡地は、一部が本所松坂町公園として整備されている。

元禄15年（1702）12月、ここに住んでいた吉良義央（上野介）は、大石良雄（内蔵助）ら赤穂浪士四十七士の襲撃を受けて殺された。

赤穂藩主の浅野長矩（内匠頭）が江戸城松之大廊下で吉良義央に刃傷に及んだ事件で、浅野は五代将軍・綱吉から即刻切腹を命じられたのに対し、負傷した吉良はお咎めなしだった。隠居した吉良は、のちに呉服橋から本所に屋敷替えされる。本所は武家屋敷が少なく、この転居は吉良家に不利に働いたとされている。

決行の当日、表門は梯子をかけて、裏門は門を破って吉良邸に侵入し、事前の計画通りに討ち入りを果たすと、浪士たちは泉岳寺へ引き上げ、浅野長矩の墓前に吉良の首を供えた。

この仇討ちは当時の武家社会批判にならないように巧みに脚色され、人形浄瑠璃・歌舞伎の『仮名手本忠臣蔵』をはじめとして、落語や講談でもさかんに取り上げられて人気を呼んだ。

吉良邸跡　討ち入りは二手に分かれて決行された。本所松坂町公園の南東に正門跡、西に裏門跡の案内板がある。実際の屋敷は現在の公園より南側に広がっていた。

第88景

泉岳寺

せんがくじ

浅野内匠頭・赤穂義士の墓所

[地図] p23-D-1

慶長17年（1612）に、徳川家康によって外桜田で創建され、寛永18年（1641）その地で寛永の大火に遭ったため高輪で再建された曹洞宗の寺院。赤穂藩主の浅野家の菩提寺であり、浅野長矩と討ち入りに参加した大石良雄ら赤穂浪士四十六士の墓がある。歌舞伎『仮名手本忠臣蔵』の興行が大当たりして以来、たくさんの参詣者が訪れる江戸有数の名所となった。

泉岳寺境内には、浅野内匠頭が田村右京大夫邸の庭先で切腹したとき血がかかったと伝える「血染めの梅・血染めの石」や吉良上野介の首を洗って主君の墓前に供えたと伝えられる「首洗い井戸」などがある。とはいえ、一番の名所はやはり義士たちの墓地である。

泉岳寺山門　第二次世界大戦の空襲で本堂は焼け落ちたが、山門は天保３年（1832）、中門はその４年後の建物が現存。山門の２階には十六羅漢が安置されている。

赤穂義士墓所　赤穂義士の四十六士と周囲に反対されて討ち入り前に自害した萱野三平の供養墓がある。討ち入り後、義士たちが預けられた大名家で分けて墓を並べている。

江戸がわかる博物館・美術館

赤穂義士記念館

討ち入り300年にあたり新設された資料館

[地図] p23-D-1

泉岳寺境内の赤穂義士墓所入口にあり、大石良雄の書状をはじめとする赤穂浪士の遺品・資料を収蔵・展示。四十七士の木像を収めた義士木像館も併置する。

赤穂義士墓地に隣接　赤穂義士は切腹後この地に埋葬。義士墓入口の門は浅野家の鉄砲洲上屋敷裏門を移築したもの。

第89景

深川芭蕉庵

芭蕉が蕉風を確立した庵

ふかがわばしょうあん

［地図］p21-B-1

俳人の松尾芭蕉（1644～94）が暮らした深川の庵。芭蕉庵は神田川の流れる関口にもあるが、こちらは芭蕉が職業的な俳諧師としての道を歩む前、神田上水を分水する改修工事に携わっていた時代（1677～79）に住んでいたところと伝えられている。

37歳の頃、幕府御用の魚問屋を営む門人の杉山杉風が生簀の池を所有していた深川元町に移って、草庵を結んだ。芭蕉庵は生簀の番屋を改築したもので、芭蕉が蕉風を確立したとされる「古池や蛙飛びこむ水の音」の句は、池の見える芭蕉庵で生まれたとする説が有力である。

深川芭蕉庵は、現在の江東区芭蕉記念館分館と芭蕉庵史跡展望庭園に近く、小名木川に架かる万年橋の北詰に位置している。最初の庵は火災で焼失し、建て直した2代目の庵で、「奥の細道」の旅に出る元禄2年（1689）の春までと、元禄4年に江戸に帰ってからの合計10年あまりを過ごした。

芭蕉は「奥の細道」の旅立ちにあたり、芭蕉庵をいったん引き払い、「草の戸も住み替はる代ぞ雛の家」の句を詠んだ。

芭蕉庵稲荷神社　小名木川が隅田川に合流する万年橋の北に大正時代に建立された芭蕉稲荷神社があり、祠の隣りに「芭蕉庵跡」の石碑が建つ。芭蕉は「奥の細道」の旅の前後をここで過ごした。

江戸がわかる博物館・美術館

江東区芭蕉記念館

芭蕉ゆかりの地で味わう蕉風俳句

［地図］p21-B-1

松尾芭蕉の研究家で政治家でもあった真鍋儀十が寄贈した俳句関係の資料を収蔵・展示。庭園には芭蕉の句に詠まれた草木が植えてあり、四季の変化を楽しむことができる。芭蕉庵跡の隣接地に分館がある。

新たな俳諧活動の拠点　宗匠生活を捨て日本橋から深川の草庵に移り住んだ芭蕉。ここで多くの名句を生み『おくのほそ道』など紀行文を残した。

台場

だいば

幕末に築かれた江戸防衛の砲台

[地図] p3-C-3

嘉永6年（1853）、アメリカのペリーが乗った蒸気船・サスケハナ号が浦賀に来航して、徳川幕府は大騒動となった。幕府は急遽、近代砲術を学んだ江川太郎左衛門（英龍）を勘定吟味役格に登用し、江戸を防衛するために洋式の砲台を置く台場の築造を命じた。

南品川猟師町（洲崎）から深川方面にかけて第1・第2・第3台場および第5・第6台場と御殿山下台場が突貫工事で築かれた。少なくとも11か所に設置の予定だったといわれるが、第4台場と第7台場は途中で中止となり、それ以外も計画だけで終わった。

埋め立て用の土は高輪・八ツ山や御殿山から、また石は伊豆半島からも調達した。完成した6基の台場が品川台場と総称され、お台場とも呼ばれた。今、東京湾臨海副都心の一角に砲台跡の残る第3台場の跡地が都立台場公園として整備されており、その西に第6台場がある。

第6台場はレインボーブリッジの真ん中近くにあり、島への上陸が禁止されているせいで、島全体に樹々がうっそうと茂る。正方形の角のひとつをハサミで切ったような五角形の形状が見てとれる。

なお、御殿山下台場は島ではなく陸続きの砲台である。周囲は埋め立てられたが、現在の台場小学校の周囲の道に五角形の輪郭が残っていて、この一角が人工的に築かれた場所であることがわかる。

二世歌川広重『江戸名所四十八景 高輪秋月』
黒船の進攻に備えて、品川沖には台場が並べられていた。手前は高輪大木戸の石垣。現在は左に見える第5台場のところまで、埋め立てられている。

桜田門

さくらだもん

大老・井伊直弼が暗殺された地

［地図］p5-C-2

江戸の桜田は平安中期の辞書『和名類聚抄』に武蔵国荏原郡の郷名として蒲田や御田とともに登場するきわめて古い地名である。国替えされて江戸入りした徳川家康が江戸城に桜田濠を掘った頃、その外側にあたる霞ヶ関や永田町の周辺が外桜田と命名された。

今の桜田門は江戸時代には外桜田門といい、これに対して、現在の桔梗門が内桜田門と呼ばれていた。

外桜田の南東側は大名屋敷が並び、同じ武家地でも北西側は平河町から甲州道中（現・新宿通り）に近づくにつれ旗本屋敷が増える。そして、桜田門と半蔵門の間の堀沿いに彦根藩井伊家の上屋敷があった。老中の阿部正弘が死んだのち大老となっていた井伊直弼は、安政7年（1860）3月3日、屋敷から桜田門に向かっているとき、水戸藩浪士ら18人の襲撃を受けて死亡する。

当日は春の大雪で、護衛の彦根藩士は刀を鞘袋に入れていたためすぐに抜刀できず、直弼を守り切れなかったという。

事件の背景には、井伊直弼が勅許を得ることなく日米修好通商条約に調印し、これに反対する一橋派などの尊王攘夷派に弾圧を加えた「安政の大獄」を主導した経緯があった。

歌川広重『東都名所　外桜田弁慶堀桜の井』 井伊家上屋敷の表門の外にあった桜の井は、水量の豊富な名水で知られた。江戸時代初頭、ここに住んでいた加藤清正が掘ったと伝わる。

現在の桜田門 内部の渡櫓門と外部の高麗門からなり、堅固な構造をもつ江戸城の桝形城門で最大規模をほこる。江戸時代の名称は外桜田門といい、関東大震災後に改修された。

縁切り榎

えんきりえのき

「悪縁」を切ろうとする人に人気

[地図] p3-A-2

縁切り榎は中山道の板橋宿にあり、この巨木の樹皮や葉を煎じて飲ませると、飲んだ相手との縁を切ることができると言い伝えられてきた。名所番付にも登場するほど有名で、嫁入りや婿入りするときは、この木の下を避けて通ったと伝えられている。現在の木は3代目にあたるという。

文久元年（1861）、仁孝天皇の皇女で孝明天皇の妹の和宮が十四代将軍・徳川家茂に輿入れするため、中山道を通ったときも、わざわざ縁切り榎を避ける迂回路を経由して板橋宿へ入った。このとき縁切り榎を見えないように菰で覆った話も伝えられている。

また、男女の縁に限らず「悪縁」を広く解釈して難病や飲酒との縁を断ち切る効果があるともいわれるようになったばかりか、不吉でない「良縁を結ぶ」神木としても信仰され、庶民のあいだで人気が高まった。

渓斎英泉『木曽街道　板橋之駅』 木曽街道は中山道の別称。板橋宿は「中山道六十九次」の第一宿。旅籠や茶店が集まり、盛り場としても賑わった。右端の木が街道の目印にされた縁切り榎。

江戸がわかる 博物館・美術館

板橋区立郷土資料館

江戸から中山道一番目 板橋宿の歴史を訪ねる

[地図] p3-A-2

江戸時代後期に建てられた古民家「旧田中家住宅」を移築し、古代から明治以降まで、テーマに分けて板橋区の歴史や文化・自然に関する資料を常設展示している。年4回は特別展・企画展も開催される。

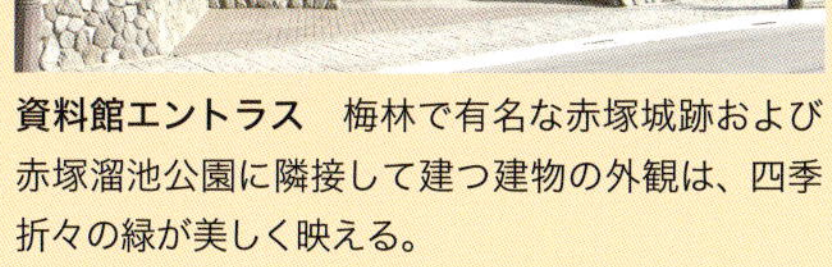

資料館エントラス 梅林で有名な赤塚城跡および赤塚溜池公園に隣接して建つ建物の外観は、四季折々の緑が美しく映える。

東禅寺

とうぜんじ

最初の英国公使館になった臨済宗寺院

[地図] p23-D-1

慶長15年（1610）、飫肥藩主・伊東祐慶が赤坂溜池に創建した臨済宗妙心寺派の寺院。寛永13年（1636）、高輪に移転した。伊東家のほか、仙台藩伊達家、岡山藩池田家の菩提寺となる。

幕末に英国公使オールコックの宿所とされ、この寺に公使館が置かれた。文久元年（1861）、尊王攘夷派の水戸藩浪士に、その翌年に松本藩士に襲撃され（東禅寺事件）、英国人水兵2名が死亡した。2回目の事件後、英国公使館は横浜に移転する。

第一次東禅寺事件　文久元年（1861）、攘夷派の水戸浪士が公使オールコックらを襲撃した事件をワーグマンが描き、英国の新聞に掲載されたもの。2人の侍に書記官が鞭で応戦している。

英国公使館の碑　東禅寺門前に「都旧跡　最初のイギリス公使宿館跡」と記した石柱が立つ。安政6年（1859）から慶応元年（1865）までの7年間、公使館として使われた。

第94景

薩摩藩蔵屋敷跡

勝海舟と西郷隆盛が会談した場所

[地図] p23-C-2

慶応4年（1868）、幕府の陸軍総裁だった勝海舟と新政府軍の西郷隆盛は田町の海辺にあった薩摩藩蔵屋敷で会談した。今、その地に、「江戸開城　西郷南洲　勝海舟　会見之地」（西郷吉之助書）と彫られた石碑が建つ。

「江戸開城　会見之地」碑　三菱自動車のショールーム入口脇にある。会見の様子を描いたレリーフと、舞台となった薩摩藩蔵屋敷周辺の古地図に解説が加えられている。

元和キリシタン遺跡

げんなきりしたんいせき

50人のキリシタンが処刑された地

［地図］p23-C-1

元和キリシタン遺跡の碑　移転前に高輪大木戸の刑場があったところ。丘の中腹でキリシタンが処刑された。石垣が残され、横に「都旧跡　元和キリシタン遺跡」と記された石柱が立つ。

江戸時代初頭の元和期（1615〜24年）、幕府によってキリシタンが厳しく弾圧され、多くの殉教者を出した。とくに元和8年（1622）9月には長崎の西坂（にしざか）において55人が火刑（かけい）・斬首（ざんしゅ）で処刑され、翌年の元和9年10月には市中引き回しののち、江戸の高輪大木戸の刑場で50人の神父・信者が処刑された。

三代将軍となった徳川家光はキリシタン弾圧を進め、全国で処刑が行なわれた。天正遣欧少年使節の一員だった中浦ジュリアンも、家光の時代に長崎で処刑されている。高輪大木戸は宝永7年（1710）に南へ移転することになるが、元の場所である札（ふだ）の辻（つじ）交差点近くの丘の中腹に遺跡の石碑が建っている。

キリシタンの処刑地は「不浄の地」とされて長らく家が建てられなかった。のちに供養のため浄土宗の智福寺（ちふくじ）が建立され、空襲で堂宇を焼失したため練馬へ移転している。なお、遺跡の南に浄土宗の済海寺（さいかいじ）があり、最初のフランス公使宿館が置かれた寺院として知られる。

江戸がわかる博物館・美術館

港区立郷土歴史館

歴史的に貴重な建物自体も見所

［地図］p3-C-2

港区の自然・文化・歴史を知るための施設。1938年に建てられた旧公衆衛生院の建物をリニューアル。江戸時代については、古文書や浮世絵を展示し、都市と文化のひろがりを紹介している。

旧公衆衛生院の中央ホール　2層吹き抜けの空間には、左右に分かれる階段が広がる。

第96景

鈴ヶ森

すずがもり

品川宿の南にあった刑場

刑場として名高い鈴ヶ森は、東海道品川宿の南に位置する。鈴ヶ森という地名は、磐井神社の境内に叩くと鈴のように美しい音がする「鈴石」があったことにちなむと伝えられる。

あたりは江戸時代までは海辺で、慶安4年（1651）、この地に刑場が設けられた。慶安事件で幕府転覆を謀った首謀者のひとりとして磔にされた丸橋忠弥が、ここで最初に処刑された人物といわれている。その後、放火事件を起こし火あぶりの刑に処された八百屋お七、多くの辻斬り強盗をはたらいた平井権八などがここで処刑された。火あぶり用の鉄柱や磔用の木柱を立てた礎石などが残る。

鈴ヶ森刑場跡が道路拡張工事のために掘り起こされたとき、数百名の遺骨が見つかった。この鈴ヶ森で処刑された人数はおよそ数千名と推測されているが、確かな数字はわかっていない。現在は、江戸時代の堂宇を引き継いでいる大経寺という日蓮宗寺院が、処刑された人びとの供養に努めている。

[地図] p25-D-2

鈴ヶ森刑場跡　明治4年（1871）に刑場が廃止され、その時代から大経寺が受刑者供養を行なってきた。寺院の起源は、それ以前から密かに供養が行なわれていた堂宇にさかのぼる。

磐井神社　「延喜式神名帳」に載る式内社。社伝によれば鈴森八幡宮の別名でも呼ばれ、江戸時代には将軍も参詣したという。「子沢山」の狛犬でも知られる。

20歳の坂本龍馬像　鈴ヶ森で処刑される人との別れの場とされた立会川左岸の弁天橋近くに像が立つ。ここに土佐藩の下屋敷があり、龍馬が剣術の修業をしていたときペリーの黒船が浦賀に来航。若き龍馬は異国船警護を命じられた。

小塚原

こづかっぱら

杉田玄白らが腑分けを実見した刑場

［地図］p15-A-2

千住宿の近く、江戸の北の出入口に置かれた刑場で、「骨ケ原」と表記されることもあった。江戸の南の出入口に鈴ケ森刑場が置かれたのと同様、都市化が進む江戸の中心部から移転させたものだが、街道筋の場所が選ばれたのは、見せしめの効果を考えてのことだろう。

小塚原では、刑罰とともに刑死者や行倒れ人ら「無縁の死者」の埋葬も行なわれ、刀の試し切りや刑死者の腑分け（解剖）が実施された。

明和8年（1771）、杉田玄白・前野良沢・中川淳庵ら草創期の蘭学者たちは小塚原で腑分けに立ち会い、オランダの医学書『ターヘル・アナトミア』の正確さに驚き、翻訳に取り組む決意をし、『解体新書』の刊行に至ったのである。

明治を迎えて刑場は廃止となり、刑場に隣接していた小塚原回向院（南千住）には「観臓記念碑」が建つ。

小塚原回向院　小塚原刑場で刑死した者を弔うために創建された浄土宗寺院。かつては両国回向院の別院だったが、のちに独立。安政の大獄で刑死した橋本左内らの供養碑がある。

延命寺首切地蔵　刑死者を弔うため寛保元年（1741）、回向院境内に建立。鉄道敷設のため、明治時代に移転。

江戸がわかる 博物館・美術館

荒川ふるさと文化館

原始から近現代まで荒川区の歴史を概観

［地図］p17-A-1

荒川区で発掘された遺跡・土器から近世の町並み・農村の暮らし・昭和の復元家屋まで、考古・歴史・民俗資料を幅広く展示。ことに大都市江戸の近郊地として、農村と町が入り交じる特色ある地域として発展したことがよくわかる展示は必見。荒川区の伝統工芸品の販売も行なう。

資料館の外観　江戸時代、日光・奥州道中が荒川と交差した交通の要地・千住に建つ。南千住図書館も併設。

第98景

鎧の渡し

よろいのわたし

源頼義が淵に鎧を沈めた伝説の地

[地図] p7-B-3

東京証券取引所のある兜町（かぶとちょう）の地名は、その北に隣接する日本橋川岸辺の兜神社の兜岩（塚）に由来する。その南の川岸には小網町（こあみちょう）と茅場町のあいだを結ぶ鎧の渡しがあった。渡し賃は1文で、武士や僧侶や医師などは無料だった。

これらの「鎧と兜」については諸説あるが、兜については平将門（たいらのまさかど）の兜を埋めて塚にしたと、源義家が兜を岩に掛けて戦勝を祈ったとも伝えられる。鎧については源頼義（よりよし）が暴風に遭ったとき、鎧を川に沈めて神を祀った伝説がある。

現在、首都高速道路の下に小さな兜神社が鎮座している。

『名所江戸百景　鎧の渡し小網町』 小網町の名は佃島の漁師が網を乾した故事によると伝わる。一帯は諸国の物資が集まる流通の拠点として発展し、この絵にも白壁の一大倉庫群が描かれている。

第99景

姥ヶ池跡（うばがいけあと）

浅茅ケ原鬼婆伝説の舞台

[地図] p15-C-2

浅草の東、花川戸（はなかわど）に隅田川につながる池があった。その近くの浅茅ケ原（あさじがはら）に、娘が誘った旅人の頭を石枕で叩き殺す鬼婆がいたが、娘が石の下敷きになって死んでしまい、鬼婆は池に身を投げたと伝えられる。この伝説にちなみ、姥ヶ池と呼ばれるようになったという。

姥ヶ池の碑　現在の花川戸公園の北部が姥ヶ池の跡。公園内の福寿稲荷大明神の周囲にかろうじて池の水の一部が残り、近くに「姥ヶ池之旧跡」と記された石碑が建つ。

将門の首塚

まさかどのくびづか

祟りをもたらす平将門を祀る

[地図] p5-B-3

大手町にある平将門の首を埋葬したと伝えられる有名な塚。朝廷から見れば朝敵となる「平将門の乱」の首謀者も、関東では英雄として人気が高く、様々な伝説に彩られてきた。死後、京都へ運ばれて晒された首が空中に舞い上がり、故郷を目指して飛んでいったという伝説もそのひとつである。

飛んだ首の落ちた芝崎村が現在の首塚の地とされている。ただし、首塚は愛知県・静岡県・埼玉県などいろいろな場所に存在し、胴塚は茨城県坂東市の延命院にある。首塚の周辺はひんぱんに祟りが起こると怖れられ、神田明神とともに平将門の霊を鎮魂する聖地となった。

江戸時代は前橋藩酒井家の上屋敷となる。大老・酒井忠清が仙台藩の伊達騒動の詮議を行なったとき、ここに呼ばれた家老の原田甲斐が伊達宗重を斬殺という事件が起こっている。

現在は、大手町のオフィスビル街の真ん中の一等地にある。この場所は関東大震災後に再開発しようとした際、死者の出る事故が相次ぎ、工事が中止された因縁のある土地だったが、第二次大戦後の区画整理計画も、同様の理由で中止に追い込まれている。

歌川国貞『平親王将門』 将門の死体は、首・手・足・胴体がバラバラになって空中へ飛んだという伝説に彩られている。将門の姿の後ろに、たくさんの分身が描かれている。

首塚の碑 首塚（将門塚）は徳治2年（1307）、将門に「蓮阿弥陀仏」の法名を贈った時宗の僧・他阿上人が板碑を建立。震災に遭い、日輪寺に残っていた石版にもとづき、碑が復元された。

訪ねたところにチェックを入れましょう。

□ 51 三社権現	
□ 52 猿若町	
□ 53 待乳山聖天	
□ 54 小野照崎神社	
□ 55 上野不忍池	
□ 56 湯島天神	
□ 57 谷中感応寺	
□ 58 根津権現	
□ 59 神田明神	
□ 60 日本橋通り	
□ 61 築地本願寺	
□ 62 柳森神社	
□ 63 両国広小路	
□ 64 回向院	
□ 65 三囲神社	
□ 66 墨堤	
□ 67 向島百花園	
□ 68 堀切菖蒲園	
□ 69 亀戸天神	
□ 70 富岡八幡宮	
□ 71 日枝神社	
□ 72 赤坂氷川神社	
□ 73 駒込富士神社	
□ 74 芝神明宮	
□ 75 神楽坂	

□ 76 山谷堀	
□ 77 新吉原	
□ 78 品川宿	
□ 79 東海寺	
□ 80 目黒不動	
□ 81 洗足池	
□ 82 本門寺	
□ 83 雑司ヶ谷鬼子母神	
□ 84 柴又帝釈天	
□ 85 名主の滝	
□ 86 王子稲荷	
□ 87 吉良邸跡	
□ 88 泉岳寺	
□ 89 深川芭蕉庵	
□ 90 台場	
□ 91 桜田門	
□ 92 縁切り榎	
□ 93 東禅寺	
□ 94 薩摩藩蔵屋敷跡	
□ 95 元和キリシタン遺跡	
□ 96 鈴ヶ森	
□ 97 小塚原	
□ 98 鎧の渡し	
□ 99 姥ケ池跡	
□ 100 将門の首塚	

「新江戸百景」チェックリスト

	No.	名称	
☐	1	江戸城	
☐	2	内堀	
☐	3	千鳥ヶ淵	
☐	4	外堀	
☐	5	牛込見附	
☐	6	神田川	
☐	7	佃島	
☐	8	愛宕山	
☐	9	御殿山	
☐	10	行人坂	
☐	11	飛鳥山	
☐	12	日暮里	
☐	13	小名木川	
☐	14	神田上水	
☐	15	玉川上水	
☐	16	日本橋	
☐	17	千住大橋	
☐	18	両国橋	
☐	19	新大橋	
☐	20	永代橋	
☐	21	吾妻橋	
☐	22	浅草御蔵	
☐	23	高輪大木戸	
☐	24	志村一里塚	
☐	25	猿江御材木蔵	
☐	26	木場	
☐	27	金座	
☐	28	北町奉行所跡	
☐	29	南町奉行所跡	
☐	30	伝馬町牢屋敷	
☐	31	湯島聖堂	
☐	32	小石川薬園	
☐	33	浜御殿	
☐	34	芝離宮庭園	
☐	35	新宿御苑	
☐	36	小石川後楽園	
☐	37	六義園	
☐	38	肥後細川庭園	
☐	39	清澄庭園	
☐	40	赤門	
☐	41	戸山公園	
☐	42	世田谷代官屋敷	
☐	43	一之江名主屋敷	
☐	44	寛永寺	
☐	45	伝通院	
☐	46	麟祥院	
☐	47	護国寺	
☐	48	増上寺	
☐	49	浅草門前	
☐	50	浅草寺	

人名索引

・本書に登場する人名を五十音順で示しました。

事項索引

・本書の事項を五十音順で示しました。
・「新江戸百景」には、★を付けました。
・コラムで取り上げた博物館・美術館には、◆を付けました。
・掲載ページの数字の**太字**は、くわしい説明があるページです。

［二世歌川広重］

［歌川国貞］

［歌川国安］

［歌川国芳］

［歌川豊国］

［歌川芳虎］

［葛飾北斎］

［渓斎英泉］

［長谷川雪旦］

［楊洲周延］

［その他］

[その他の名所]

[博物館・美術館]

絵画索引

・本書に掲載した浮世絵などの絵画を絵師ごとにで示しました。

[歌川広重]

［寺社］

［盛り場］

［石碑・墓など］

名所索引

・本書で紹介した名所をジャンル別に示しました。
・「新江戸百景」には、★を付けました。
・コラムで取り上げた博物館・美術館には、◆を付けました。
・〔　〕内に、巻頭の地図上の場所を示しました。ページ数の次の英字と数字は、地図の座標を示しています。
・掲載ページの数字の太字は、くわしい説明があるページです。

[江戸の地形]

[江戸のインフラ]

[幕府の施設]

[庭園・屋敷]

■主要参考文献

市古夏生・鈴木健一編『江戸切絵図集—新訂 江戸名所図会〈別巻1〉』ちくま学芸文庫、1997
市古夏生・鈴木健一編『江戸名所図会事典—新訂 江戸名所図会〈別巻2〉』ちくま学芸文庫、1997
斎藤月岑著、朝倉治彦校注『東都歳事記』1～3、平凡社東洋文庫、1970～72
斎藤月岑著、市古夏生・鈴木健一校訂『新訂 江戸名所図会』1～6、ちくま学芸文庫、1996～97
斎藤月岑著、今井金吾校訂『定本武江年表』1～3、ちくま学芸文庫、2003～04

小木新造ほか編『新装版　江戸東京学事典』三省堂、2003
竹内誠監修『ビジュアル・ワイド　江戸時代館 第2版』小学館、2013
竹内誠監修・市川寛明編『一目でわかる江戸時代』小学館　2004
山本博文監修『ビジュアル NIPPON　江戸時代』小学館、2006
山本博文監修『見る・読む・調べる江戸時代年表』小学館、2007
山本博文監修『江戸時代人名控1000』小学館、2007
吉原健一郎・大濱徹也編『江戸東京年表　増補版』小学館、2002

堀口茉純『EDO-100　フカヨミ！　広重「名所江戸百景」』小学館、2013
原信田実『謎解き　広重「江戸百」』集英社新書、2007
田澤拓也『江戸の名所』小学館101新書、2011
今尾恵介『東京凸凹地形散歩』平凡社新書、2017
大石学監修『なぜ、地形と地理がわかると江戸時代がこんなに面白くなるのか』洋泉社歴史新書、2014
大石学『地名で読む江戸の町』PHP文庫、2013
大石学『首都江戸の誕生』角川選書、2002
岡本哲志『江戸→TOKYO　なりたちの教科書』淡交社、2017
安藤優一郎『超雑学　読んだら話したくなる江戸・東京の歴史と地理』日本実業出版社、2010
門井慶喜『徳川家康の江戸プロジェクト』祥伝社新書、2018
小澤弘・小林忠『活気にあふれた江戸の町「熈代勝覧」の日本橋』小学館、2006

『江戸城と大奥』（サライ・ムック）小学館、2018
『名所図会であるく江戸』JTBパブリッシング、2008
『江戸散歩・東京散歩』成美堂出版、2005
池波正太郎『新版　江戸古地図散歩』（コロナ・ブックス）平凡社、2011
市川寛明監修『江戸時代小説はやわかり』時代小説シリーズ別冊、人文社、2006
竹條創・逸見幸生『切絵図・現代図で歩くもち歩き江戸東京散歩』（古地図ライブラリー 別冊）
人文社、2003
内藤昌・穂積和夫著『江戸の町（上）巨大都市の誕生』（日本人はどのように建造物をつくってきたか4）
草思社、1982
内藤昌・穂積和夫著『江戸の町（下）巨大都市の発展』（日本人はどのように建造物をつくってきたか5）
草思社、1982

江戸文化歴史検定協会編『江戸文化歴史検定公式テキスト〔初級編〕大江戸見聞録』小学館、2006
江戸文化歴史検定協会編『江戸文化歴史検定公式テキスト〔上級編〕江戸博覧強記』小学館、2007
江戸文化歴史検定協会編『江戸文化歴史検定公式テキスト〔中級編〕江戸諸国萬案内』小学館、2009

■図版・史料所蔵者、写真提供、撮影・協力者

＊掲載史料の所蔵者などを50音順に記した。
＊所蔵者の許可なく複製することを禁じる。

●図版・史料所蔵者

国立国会図書館：p46上、p51上、p52上、p53上、p54下、p56上、p58、p61下左、p62、p63上、p 64上、p66上、p67上、p68上、p70上、p78、p93上、p94上、p95上、p101上、p102、p104上、p106上、p107上、p108、p111上、p115上、p117中、p119上、p121上、p122上、p123上、p125上左・下、p126上、p131上・下、p132、p133上、p135上、p136上、p137上、p141上・中、p145上、p146上、p149上、p152上、p156上、p157上

すみだ北斎美術館：p43上／ DNPartcom

東京国立博物館：p42下／ Image:TNM Image Archives

東京都公文書館：p98

東京都写真美術館：p48 ／ Image: 東京都歴史文化財団イメージアーカイブ

東京都立中央図書館特別文庫室：p39上左、p150、p155

日本銀行金融研究所貨幣博物館：p73上

坂東郷土館ミューズ：p163上

ベルリン国立アジア美術館：p116

松江歴史館：p36

三井文庫：p69下

望月義也コレクション：p2、p4、p6、p8、p10、p12、p14、p16、p18、p20、p22、p24、p26、p28、p30、p45、p49中、p55上、p57上、p69上、p71上、p72上、p81左、p97上左、p105、p109下左、p110左、p114、p118上、p127上、p129上、p133下、p138、p139上、p144、p148上、p162上

山口県立萩美術館・浦上記念館：p47上、p50、p61上

横浜開港資料館：p158上

早稲田大学図書館：p120上

●写真提供

板橋区立郷土資料館
葛飾区役所公園課
貨幣博物館
環境省新宿御苑管理事務所
北区飛鳥山博物館
経新堂稲崎
品川区立品川歴史館
斯文会
すみだ郷土文化資料館
すみだ北斎美術館
泉岳寺
増上寺
たばこと塩の博物館
中央区観光協会
中央区文化・生涯学習課
千代田区観光協会
東京観光財団（GO TOKYO）
東京都水道歴史館
中川船番所資料館
根津神社
深川江戸資料館
文京区立肥後細川庭園
文京ふるさと歴史館

●撮影・協力者

宇南山知人
国松薫
倉持太一
細山田正人
麦屋正信

監修◉大石　学（東京学芸大学名誉教授）

ブックデザイン◉竹歳明弘（STUDIO BEAT）
本文 DTP・図版制作◉柳平和士
本文執筆◉耕文堂（藤井耕一郎・藤井恵子）
堀口茉純
松坂史生

編集◉庄野三穂子
加藤真文
編集協力◉伊藤千栄子
校正◉小学館出版クォリティーセンター
資材◉坂野弘明
制作◉松田雄一郎
販売◉根來大策
宣伝◉一坪泰博

新江戸百景めぐり
—TOKYO で“江戸”を再発見—

2019 年 6 月 12 日　初版第 1 刷発行

編　者　　江戸文化歴史検定協会

発行者　清水芳郎
発行所　株式会社小学館
東京都千代田区一ツ橋 2-3-1
電話　編集　03-3230-5118
販売　03-5281-3555
印刷所　大日本印刷株式会社
製本所　牧製本印刷株式会社

ISBN 978-4-09-626620-5